普 天 之 下 · 盡 是 好 書

普天 出版家族
Popular Press Family

凌雲 A-Plus Creative Company 文創

改變心境，你的處境也會跟著改變

想改變人生，就先改變自己的心境

席勒曾經寫道：「所謂人生就是一場夢幻，唯有適時改變心境的人，才能做出各式各樣的美夢。」

的確，人生的道路就像一條大河，唯有用急流本身的衝擊力改變水流的方向，才能沖刷出讓你意料不到的嶄新河道。

只有適時改變心境，才能改變自己的人生；只有勇於改變現在，才能改變自己的未來。

改變或許是痛苦的，但生命中所有的轉變，都是從改變自己的心境開始。

黛恩 編著

• 出版序 •

想改變人生，先改變自己的心境

打從心升起想要改革變新的想望，擁有徹底執行變革的決心，我們才有可能為自己的未來增添一點正面的改變。

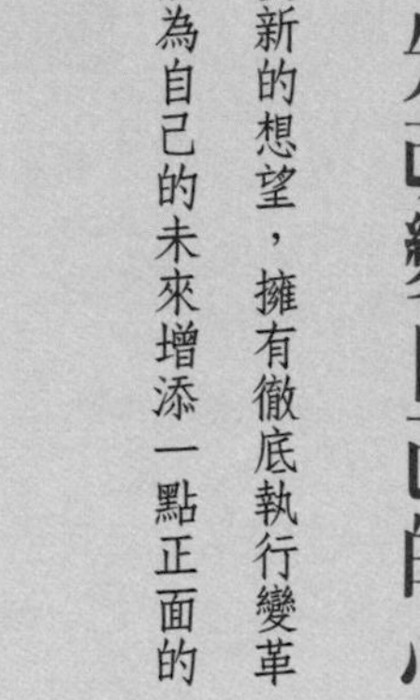

碰上了倒楣的事情或不如意的際遇接連不斷，人常常會感到氣餒沮喪，同時心裡也會浮現正面與負面的想法。

正面的想法是認眞思索如何改變自己眼前的生活，爲自己找到新的出口，至於負面的想法則是找出各種藉口，怪社會，怪環境，最後怪罪週遭的人，內心充滿負面、消極的情緒。

很遺憾的，大多數陷在困境裡的人選擇了後者。

很多時候，人並不是不知道自己應該做什麼、應該怎麼做，而是打從心裡不想去做，於是，開始編織藉口自欺欺人。

有些人經常在抱怨。抱怨別人不體諒他，抱怨自己不得志，抱怨這個世界不公平，抱怨人生不順遂。

然而，這樣一味怨天尤人的人，眞的不知道要如何去改變自己的現況嗎？不，他們比誰都清楚，但就是不肯面對現實。

一個學小提琴的年輕人，因爲抑鬱不得志，只好站在街頭演奏，期望路過的人欣賞他，而後在他的琴盒裡投入零錢。雖然他不以乞丐自居，但事實上他的行徑也和乞丐差不多了。

有一天，他在一家高級餐廳不遠處的路口，拉起了他的小提琴。過路的行人來來往往，但總是匆匆擦身的多，停駐聆聽的少，更不用說肯從口袋裡掏出錢來資助的人了，他的收入幾近於零。

他閉著眼睛拉著琴，想起自己的遭遇，忍不住悲從中來，熱淚盈眶。

奏完一曲，他張開眼，發現前方站了一位年紀頗大的長者。

那個老人說：「年輕人，你的演奏很動人，你有這樣的天賦，不應該在這裡乞討度日。」

他覺得這個老人看起來很眼熟，立刻想起自己曾經在報紙上看過這個人的面容。他就是石油大王洛克菲勒，全美國最富有的幾個人之一。

年輕人忍不住張口結舌地說：「您是……洛克菲勒先生？」

老人笑著說：「你好，我是洛克菲勒，一個靠搬運油桶爲生的老頭。」說完，從口袋裡掏出一張紙鈔交給他。

紙鈔中夾雜了一枚硬幣，隨著老人掏錢的動作掉了出來，一路滾到了水溝旁才停了下來。

年輕人看了看硬幣一眼，本想撲過去撿，但又覺得這樣的舉動好像太失禮也太沒有面子，於是便假裝不在意的樣子。

沒想到，他沒有行動，反倒是洛克菲勒先動了。只見洛克菲勒慢條斯理地走過去將硬幣撿了起來，而後還謹慎地將硬幣上的土灰擦去。

看到洛克菲勒的舉動，他驚異極了，一時間脫口而出：「洛克菲勒先生，要是我像你那麼有錢的話，大概就不會在乎那一毛錢了。」

洛克菲勒將手上的硬幣放回口袋裡，而後丟了一句：「也許，這就是你現在會靠乞討為生的原因吧。」便轉身離開了。

他楞了好一會，猛然醒覺時，洛克菲勒已經走進一大段路了。他連忙追上前去，氣喘吁吁地請洛克菲勒停步。

他說：「洛克菲勒先生，我想請求您，請讓我用這張紙鈔跟您交換剛才那枚硬幣，好嗎？」那張自從洛克菲勒給他以後，一直被他緊緊握在手中的紙鈔，有一點發縐了。

洛克菲勒深深地看了他一眼，而後同意了這項交換，離去前還拍了拍他的肩。

而他，看著那枚硬幣在星夜下閃著光芒，終於下定了一個決心。

幾年後，洛克菲勒受邀參加一場音樂演奏會，演奏會結束之後，樂團裡的小提琴手來到他面前。

小提琴手對他說：「洛克菲勒先生，請問您還記得這枚硬幣嗎？」說完，小心翼翼地從胸前的口袋裡，取出一枚擦拭得晶亮的硬幣。

洛克菲勒見狀，開心大笑著說：「我當然記得，那可是我花出去最有價值的一枚硬幣呢！」

遭遇失敗、挫折、痛苦的時候，與其怪罪環境，不如調整自己的心境。生命是由一長串喜悅與悲傷、幸運與不幸、希望與失望交織而的，想要心想事成，首先就必須試著改變面對環境的心情。

古往今來，絕大多數名人賢士都是苦過來的，他們的經驗和現在的我們又有多大的差別？他們告訴我們怎麼做就可以超脫困境，怎麼說就可以擺脫困苦；他們提供了許許多多的生活態度與方法。這些態度與方法，我們眞的不知道嗎？那麼，爲什麼不願意做？

說穿了，答案就是現實的困境讓我們痛苦，但要執行那些態度與方法讓我們更痛苦。我們吃不了苦，只好得過且過。

這樣的我們沒有權利抱怨，因爲這景況是自己的選擇。

人生過程當中的順境或逆境，其實都是心境造成的。貝多芬曾經寫道：「在困厄顛沛的困境中，能堅定不移，甚至還感謝這個困境，這就是一個人真正令人欽佩的不凡之處。」

只會自怨自艾的人沒有未來，我們必須強迫自己改變！打從心升起想要改革變新的想望，擁有徹底執行變革的決心，我們才有可能爲自己的未來增添一點正面的改變。

如果你的想法積極，就算身處地獄，也會把它看成天堂，假若你抱持消極的想法，即使身在天堂，也會認爲是在地獄。千萬要記住，一個人思考的角度，可以主宰本身面對事情的態度。

出版序

PART—1

充滿信念，就能渡過難關

每個人都難免遭遇困頓的環境，也許我們無法改變環境，但至少改變自己的心情。只要心中仍有信念，人生總有可祈求的希望存在。

PART—2

用自信激發全新的自己

一旦能夠將那種不如人的感覺加以排除，就能夠放手去發揮本有的技巧或學識，為自己爭取更多的優勢。

PART—3

先處理心情，再處理事情

一個健全的社會人，該是一個能夠處理自我情緒的人。我們想要培育更多健全的社會人，便應該從當個健全的父母開始做起。

PART—4

放鬆心情，才能激發潛能

在湖裡泛舟，越是快速搖槳，越是容易打滑，反而變成在原地打轉。如果放輕槳上的力道，切水而入、撥水而行，便能夠順利地前進。

PART—5

充滿希望才能改變現況

唯有滿懷希望的雙眼，才看得見充滿希望的事物；唯有抱持積極樂觀的態度，才能將危機轉化為轉機。

PART—6

別讓悲劇絆住自己的腳步

別讓悲劇絆住了我們前進的腳步，留在悲慘情緒的黑暗洞窟裡，只會讓我們任憑痛苦折磨，直至全身無力，哀嚎而終。

PART—7

改變想法，就能改變做法

人的行動來自於想法，而人的成功則來自於行動。想開創出自我的成就，就必須掌握生活中隨處可能出現的點子。

PART—8

心無旁騖 走出自己的道路

在聽話時，細細考量自己的立場，該堅持的就要堅持，不一定要照單全收，如此才能心無旁騖地走出自己的道路。

PART—9

遇上困境，不妨換個角度省思

跳出問題的框框，以客觀的角度去琢磨不同的情境，我們就能重新面對過往以為的絕境，並找到新的出路。

PART—10

讓自己的想法決定自己的去向

何苦執著於什麼樣的形式才是真愛，順從自己的心意，聆聽自己內心的聲音，那麼分分合合也就不至於擾擾攘攘了。

1.

充滿信念，就能渡過難關

每個人都難免遭遇困頓的環境，
也許我們無法改變環境，
但至少改變自己的心情。
只要心中仍有信念，
人生總有可祈求的希望存在。

拿出決心和毅力，就會有好成績

一個有決心、有毅力的人，不會畏懼眼前的困局和種種不如意，他的眼睛裡只看得見目標和通往目標的道路，他會像火車頭一樣拚盡前力地向前奔馳。

作家西里曾經寫道：「同樣一件事情，用不同的心情去面對，最後所得出來的結果，通常會大相逕庭。」

確實，心情是決定事情成功與否的重要關鍵，心境和想法一旦改變，事情就會朝不一樣的面向發展。

眼前的困境並不可怕，可怕的是猶豫徬徨的心境。當一個人爲自己設定一個目標，指出一個人生衝刺的方向，一鼓作氣，鍥而不捨地向往前，前方的障礙物多半會選擇自動讓路。

想要達到成功，就要讓旁人瞧清你的決心和毅力，證明自己是不可動搖的，唯有如此，別人才會反過來協助你。

查爾斯是世界知名的大力士，曾經在螢光幕前表演徒手拉動一輛重達七十二噸的鋼車，令在場所有的觀衆嘖嘖稱奇。

體魄健美的查爾斯，被譽爲「全球肌肉最健美的人」，還有媒體讚譽他具有「海克力士和阿波羅融合而成的眞正古典體魄」。在法國的瑪恩河畔，甚至有以他爲模特兒雕塑而成的古典塑像裝飾，可想而知他健美的身材，受到各界如何的重視。

查爾斯本名安古羅．西昔連諾，出身於紐約市布魯克林區的貧民窟，父母是來自義大利的移民。十六歲以前，他並沒有大力士的影子。相反的，根據形容，他是個「體重九十七磅（約莫四十四公斤），臉色蒼白、膽小如鼠的小個子，常常受人欺負」。

但是，一趟博物館之旅，卻改變了他的命運。

在一個星期六，安古羅和一群孩子在課程的要求下，一起去參觀布魯克林博物館。一行人隨著領隊來到神話人物塑像的展覽區，安古羅被這些精緻的雕塑像迷住了，其中阿波羅和海克力士的塑像，更是讓他看得目不轉睛。

根據領隊的解說，大家才知道，原來這些神像都是以希臘的運動健將爲模特兒雕塑而成的。

結束參觀行程之後，安古羅迫不及待地將報上連載的一套體操圖解動作剪下來，貼在牆上。他決心以此來鍛鍊自己的體魄，期望有一天能和那些希臘的運動健兒一樣健美。

安古羅的決心果然面臨了種種嘲笑和羞辱，許多人笑他不自量力，有一次，他和一個街頭混混起爭執，結果慘敗，嘲笑的聲浪更是不絕於耳。

但是，安古羅並不就此放棄，他一次又一次苦練體操，後來還發展出一套獨特的健身術，局部鍛鍊身體的每一塊肌肉。總算皇天不負苦心人，安古羅身上的肌肉開始結實、有力，線條也變得更美。

他正式改名為查爾斯，一連參加好幾項健美比賽都屢獲佳績。

安古羅改變了自己的命運，從此，再沒有人敢嘲笑他是「弱雞」和「膽小鬼」，他以毅力和氣魄向世界證明了自己的價值。

英國詩人彌爾頓曾說：「心靈有它自己的地盤，在那裡可以把地獄變成天堂，也可以把天堂變成地獄。」

如果你用悲觀消極的心情面對問題，再如何簡單容易的事情，也會變得困難。如果懂得用積極樂觀的心情去面對問題，那麼，再如何複雜困難的事情也會心想事成。這個世界沒你想的那麼黑暗，很多事情也沒你想的那麼困難，只要你願意改變。

想要改變，就必須下定決心！法國作家大仲馬說得極好，他說：「當你拚命要完成一件事的時候，你就不再是旁人的敵手，或說得更正確些，旁人不再是你的敵手了。不論是誰，只要下了這種決心，將立刻覺得他的精力加強了十倍，眼界也擴大了。」

一個有決心、有毅力的人，不會畏懼眼前的困局和種種不如意，他的眼睛裡只看得見目標和通往目標的道路，他會像火車頭一樣拚盡前力地向前奔馳，任何阻礙在面前軌道上的障礙，都只能選擇退避。

只要有決心、有毅力，目標又明確，人生將無事不能成。

做好自己應該做的事

偉大，並不是做了多麼了不起的事，而是做好自己該做的事。當任務的完成必須以自己的性命做為交換，能夠盡忠職守的人，就顯得偉大了。

一名英雄完成一項偉大的任務，雖然肯定能夠得到許多人的佩服，但也有許多人會認爲他們的成功是理所當然的。

相較之下，平凡的人物當中，有時也會出現令人嘆服的行動，當這種時刻發生，往往更容易使人感動。

偉大的行動，看起來或許相當困難，但是，就算是平凡人，在必要的時刻，只要做好自己應該做的事，同樣也能讓人動容。

在二次大戰時，德軍曾經一連好長的一段時間，對英國進行轟炸。當時英國的主力軍隊正參與聯軍行動，在歐陸與德軍對抗，而守衛英國本土的任務，大部分都交付在民兵身上。

約克．伊凡斯是其中一位民兵。由於不佳的視力與孱弱的身體，無法參軍，只好加入民兵訓練，當然，以他的實力，很難在軍隊中獲得什麼樣厥偉的功績，不過他一直盡職於自己的崗位。不管是急救昏迷人士，或是在轟炸過程引導民眾進入防空洞躲避……等等，他都盡力完成。

伊凡斯和許許多多的民兵民眾一般，都是平凡人，都是戰爭中微不足道的人物，原本根本不可能留名。但是，在伊凡斯死後，不只獲得了一枚獎章，更有許多人前來參加他的葬禮，爲他的死亡感到嘆息，爲他的勇敢表示敬意。

這中間，有一段感人的故事。

那一夜，輪到伊凡斯值夜，他看到遠處有閃光，立刻打電話通報民防指揮中心。但是，指揮中心的指揮官並沒有放在心上，反而覺得他神經緊張、大驚小怪，於是伊凡斯只好重新回到自己的崗位上。

不料，他才一踏出電話亭，就有一顆炸彈落了下來。他連忙閃避，結果並沒有爆炸聲傳來。伊凡斯剛開始鬆了好大一口氣，以爲那是一顆未爆彈，但是，仔細勘察之後，發現那顆炸彈並不是不會爆炸的啞彈，而是一枚巨大的定時炸彈。他沒有多想，立刻回到電話亭裡向指揮中心的長官報告，而後依照長官的指示，要求附近的居民盡快徹離。

伊凡斯廣播通報民衆避難之後，沒有離開炸彈現場，而是忙著疏散附近的行人，在炸彈威脅的區域圍上繩子，禁止閒雜人等靠近。

除此之外，他還在四周不斷大喊：「有炸彈，快離開！不要逗留！」以沙啞的嗓音勸離好奇觀望的民衆。一直到炸彈爆炸的那一刻，伊凡斯都沒有離開，他以自己的性命保護了周遭所有的人的性命。

作家羅曼・羅蘭曾經爲人生下過如此的註解，說：「人的生涯幾乎都是一種長期的受難。或是悲慘的命運，把他們的靈魂在肉體與精神的苦難中折磨，在貧窮與疾病的鐵砧上鍛熬；或是目擊同胞承受無名的羞辱與劫難，而生活為之戕害，內心為之碎裂，永遠過著磨難的日子。他們固然由於毅力而成為偉大，也由於災患而成為偉大。」

從這個觀點來看，伊凡斯和被他的義行所拯救的許多人都同樣偉大。

伊凡斯在昇平之世裡，可能只是無數平凡人中的一位，連偉大的邊都沾不上；但是在紛爭戰亂的時代，即使是平凡人，也能夠做出極不平凡的事來。

偉大，並不是做了多麼了不起的事，而是做好自己該做的事。盡忠職守，聽起來簡單得很，每個人只要完成自己的任務就成了，沒有什麼了不起。但是，當任務的完成必須以自己的性命做爲交換，能夠盡忠職守的人，就顯得偉大了。

伊凡斯把他認爲該做的事完成了，是這種精神，成就了自身的偉大。

充滿信念，就能渡過難關

每個人都難免遭遇困頓的環境，也許我們無法改變環境，但至少改變自己的心情。只要心中仍有信念，人生總有可祈求的希望存在。

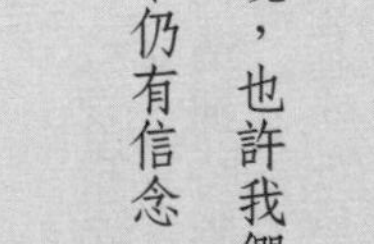

文學家托馬斯．曼曾經這麼說：「人生中最美好的東西應該是希望，而不是現實。儘管希望是那麼虛幻，至少它能領導我們從一條愉快的道路上走完人生的旅途。」

信念能夠帶來力量，從古至今已有無數實例佐證。當人的心得到了溫暖的慰藉，人的身體與精神，將能因此生出力量。

在二次大戰時，有一個位在蘇門答臘東海岸的日軍集中營，裡頭塞滿了被擄來的戰俘。集中營裡的戰俘，有些被關了幾個月，有些則幾乎算不清已經被關了多久。糟糕的環境以及差勁的飲食，使得疾病與虛弱徹底地襲擊了他們的身體，對於生命的絕望，更嚴重折磨著他們的精神。

隨著戰事延長，日軍停止提供戰俘飲食，日復一日地挨餓，使得每一個戰俘都面臨了生存危機。他們變得什麼都吃，如果有人幸運抓到蛇或老鼠，就算是豐盛得不得了的大餐了，大部分的時候他們都得忍受饑餓，哪怕是草根木屑，也得逼自己吞下去。

有個戰俘身上藏了一根蠟燭，每當餓得受不了的時候，就咬下一小口。吃蠟燭在平時聽起來匪夷所思，但是在這種時候，有蠟燭可吃就該偷笑了。

他答應同樣是戰俘的朋友安德魯，保證會留下一小截給他。儘管兩人友情深厚，但安德魯還是免不了會擔心，到最後他說不定會一個人吃下整根蠟燭，一丁點也不分給別人。然而，就算他真的這麼做，安德魯也不能說什麼，畢竟人不爲己，天誅地滅嘛。

情況越來越困難，可以吃的東西越來越少。那一日，那名戰俘在牆上畫下一道痕跡，然後感歎地說：「今天是耶誕節，希望明年耶誕節我們能夠回到家過節。」他的話引起了不少人的嗤笑，也引起許多人的嘆息。沒有人知道希望在哪裡，沒有人知道明天會如何，他們甚至不曉得自己能不能撐過今天。

他取出了一直藏在懷裡的蠟燭，仔細地端詳著。安德魯一直看著他的動作，心想，他大概打算把那截蠟燭吃了吧，只希望他還能記得之前的諾言，能把答應給的那一小截給自己。

但是，那名戰俘並沒有將蠟燭送進嘴裡，反而站起身來，走近守衛，請求守衛爲他將蠟燭點燃。他將點燃的蠟燭放在牢房中央的地板上，然後輕輕地哼起耶誕歌。

安德魯哽咽到說不出話來，回想起上一次看到耶誕燭光的時刻，距離現在是如此地遙遠，心忍不住劇烈地跳動起來。

安德魯來到朋友的身旁，以沙啞的聲音輕輕地跟著哼唱。漸漸地，其他的人也圍靠了過來，儘管行動因爲身體虛弱而變得緩慢，但是每個人的神情彷彿都像是重新活了過來一樣。

那一點小小的火光，慰藉了他們疲憊的身軀、苦痛的精神，爲他們重新帶來了新的希望，得以在心底告訴自己，堅持下去，一定還能重見光明。

丹麥的諾貝爾文學獎得主西格里德．溫賽特說過一句話：「信仰堅定的人一刻也不會迷失方向，他的靈魂將衝破煉獄的烈焰，直奔天堂極樂。」

地獄是如此可怕，沒有人喜歡自己身處在地獄裡，然而，已然處於地獄之中的人，該怎麼辦呢？

當人類開始分隔派系、相互爭鬥的時候，地獄就一點一滴地建造出來了。身在相互攻訐、不是你死就是我亡的境地中，高貴的情操與心中的善念都慢慢淡薄。甚至，忘記我們還是人，只想分出高下，只想將對方趕盡殺絕。

但是，只要有一枚良善的火種被適時地點燃，就能夠喚醒我們殺紅眼之前的殘餘理智。

故事中，安德魯的朋友如果將蠟燭一口吞下，抑或是違背諾言，完全不分給安德魯，恐怕也不會引來什麼樣的批判，畢竟爲求生存不擇手段，也是人性的本能之一。可是，他沒有這麼做，而是決心燃燒了那根蠟燭。

功利主義的人或許會認爲他很蠢，因爲點燃蠟燭除了得到一陣火光，什麼也沒有，蠟炬成灰之後還是得餓肚子。然而，燭光卻讓人得到了溫暖以及對未來的希望。不論明天環境還會變得多險峻，撐得下去的人就不會放棄。

每個人都難免遭遇困頓的環境，也許我們無法改變環境，但至少改變自己的心情。當你的生活陷落，儘管身心飽受折磨，只要心中仍有信念，仍存信心，人生總有可祈求的希望存在。

喜歡自己，展現自己的魅力

一個人確實知道自己是個什麼樣的人，可以做什麼樣的事，才能發揮一個人存在的價值。

生命中總會有陰影出現；面對陰影，哀怨悲嘆是無用的，像鴕鳥一樣躲進陰影裡，只會讓生命充滿陰霾，你必須做的是，積極地想辦法重見光明，人生才有璀璨的前景。

環境本身惡不惡劣並不能決定我們快樂或不快樂，重點是我們如何看待自己，又用什麼心境面對自己所處的環境。

適時改變自己的心情，放下內心那些偏頗、自怨自艾的想法，人生才有開闊的出路。只要不再自卑，不再怨懟，你就能走出陰霾，不讓自己繼續沉陷痛苦和挫折之中。

第二次世界大戰結束之後，美國大兵強斯頓光榮返鄉。

他在戰爭中受了腿傷，行走不便的腿上，佈滿了各式疤痕。國家頒授的徽章雖然帶給他榮耀，但對他而言，最幸運的事還是能夠離開戰場，而且他的腿傷並不致於影響他最喜愛的運動——游泳。

腿傷恢復到一定程度後，他便不需要再經常進出醫院了，醫生也建議他經常去游泳，因爲游泳是一項很好的復健運動，對於他的腿傷有相當大的幫助。

於是，在一個風和日麗的星期天，強斯頓和太太一起到海灘度假。

下水游過幾趟後，強斯頓回到沙灘上享受日光浴。但不久之後，他開始感到有點不自在。

沙灘上許多人來來往往，強斯頓發現大家都在看他，注視著他滿是傷痕的腿。

過去，他很少爲自己的腿傷感到不自在，他並不特別覺得自己微跛的腿有什麼奇怪。但是，在沙灘上，光裸的腿失去衣服的遮掩，那些坑坑疤疤的傷痕，看起來似乎特別刺目。

到了下個周末，當太太再次提議到海邊游泳時，強斯頓拒絕了，有點自卑地說：「與其到海灘上去，我寧願留在家裡。」

他的太太聽了，回答：「我知道你爲什麼不想去，但是，我想，你其實誤會了你腿上那些疤痕的意義。」

強斯頓只能顧左右而言他，但是他的太太卻堅持繼續說下去，她說：「強斯頓，你腿上的疤痕是勇敢的象徵，是勇氣的徽章。爲什麼要想盡辦法把它們隱藏起來呢？你應該要永遠記得自己是如何英勇地得到它們，而且要驕傲地帶著它們，不論去到何處。」

強斯頓聽了，心中充滿感動，看見太太支持的目光與笑容，內心有了一番省思，決心以不同的想法去看待自己的腿傷與疤痕。

想了許久，他對太太說：「走吧，我們一起去游泳。」

強斯頓相信，在他和太太的彼此支持之下，他們未來的生活將會有更好的開始。

人類是很奇怪的動物，我們不希望失去個體的獨特性，卻也不希望自己變成異類；我們希望自己是特別的，但又不想要變得太過特別。

鶴立雞群雖然更顯出那隻鶴的卓爾不群、出類拔萃，但同時也顯現出那隻鶴與群雞之間的格格不入。

強斯頓是特別的，畢竟一般人多半不會滿腿傷疤，然而，一般人也不見得能如他在戰場上立下光榮的功績。這才是強斯頓眞正的特別之處。

強斯頓的妻子想要提醒他的，正是這麼一回事。身爲一個擁有光榮功勳又有滿腿傷疤的特別人物，首先必須要了解自己的特別之處，同時也看重自己異於常人之處，必在乎世俗庸人的眼光？換個心情，了解並且接受它們，畢竟每一項特別都屬於自己。

每個人都應當爲自己的特殊感到驕傲，不必爲外在形貌過於介懷。諾貝爾文學獎得主羅傑．馬丁．杜．伽爾這麼說道：「不要自負，也不要謙虛。認識到自己強而有力，才能真正強而有力。」

人生旅程最重要的一件事就是喜歡自己，展現自己獨特的魅力。一個人唯有確實知道自己是個什麼樣的人，可以做什麼樣的事，才能發揮自己存在的價值。

從害怕中培養適度的勇氣

「無知」有時候反而是一種幸福，因為不知道，所以不覺得恐怖，不覺得害怕，也不覺得討厭。

有一句話說「初生之犢不畏虎」，剛出生的小牛，什麼都不知道，也就什麼都不怕，就連大剋星老虎在眼前也不懂得閃避。

簡單地說，害怕是一種學習來的能力，由於知道了未知可能會爲我們帶來危險，所以產生恐懼感，進而排斥危險的行動。

有個孩子在餐桌上一邊吃飯一邊對父母說起今天下午的經歷，他說：「我找到了一個鳥窩！」

雖然孩子說得興高采烈，但是父母並沒有特別地回應他，附近有一片小樹林，有鳥築巢不是什麼了不起的事。

母親對孩子鼓勵地笑了笑，表示聽到了，父親則頭也不抬地繼續吃飯。於是，孩子自顧自地繼續說著下午的發現。

他說在放學回家的路上，突然看見一隻金雀鳥從松樹梢上飛出來，他跟著跑了一會兒，終於在某棵樹上發現了一團黑黑的東西。他很高興地往上爬，爬到一個高度，沒有辦法踩踏，只好抱著樹，一點一點往上移動。再繼續往上，只能靠手抓握樹枝，因爲樹幹的枝椏變得細長，也有點輕軟。

好不容易爬到鳥窩所在的樹枝上，窩裡有一顆蛋，他高興地拿了起來。

或許是因爲他手掌的熱度，或許是他呼出的熱氣，剛剛好，蛋裡的小鳥破殼而出，他開心地輕輕吻了小鳥一下，然後把小鳥放回巢裡。然後他從樹上爬了下來，迫不及待地想要回家告訴爸爸媽媽這件事。

孩子的父母聽完他的描述，驚訝得說不出話來。他們不敢想像，在孩子爬樹的過程中，一旦有任何差池，他們將可能再也看不到自己的孩子坐在餐桌旁，興奮地訴說各種新發現。

餐桌上的氣氛變得凝重且嚴肅，但孩子興奮的情緒還沒能平復。明天他可能會開始被限制行動，被迫學習面對所有危險時應有的正確反應，但是現在他的腦海中只看得見那初生的小鳥在自己手心裡的模樣，以及當時心中滿溢的感動。

「無知」，有時候反而是一種幸福，因爲不知道，所以不覺得恐怖，不覺得害怕，也不覺得討厭。

事實上，大部分人的負面情緒，都是透過社會化學習而來的。

因爲看到別人皺著眉頭吃葡萄，就覺得那串葡萄必定難吃至極，因此連碰都不會想碰，更不用說放進嘴裡了。

因爲覺得用手吃飯很髒，便覺得使用衛生筷吃東西安全得多，殊不知看起來衛生的衛生筷，可能藏有各式各樣的細菌，還不如洗乾淨的雙手。沒有親身嘗試或體驗，我們其實不知道眞正的感受爲何，所有的感覺都是觀察別人的反應來判斷的。

好笑的是，有時候明明自己有感覺，卻因爲和別人的反應不盡相同，甚至選擇不相信最直接的感官經驗。

到著名的拉麵店裡，明明食不知味，卻還是大聲地說好吃極了；坐在電影院裡觀賞名片，明明覺得有看沒有懂，出來卻說眞是一部感人的好片。

社會化至終極境界，就是人因爲知道太多而變得虛僞。

孩子的天眞或許會使他們逼近危險，但是，內心的純眞卻也讓他們眞實地貼近生活，依靠著自己的感官去經驗這個世界，體會各種不同的滋味，進行自我的學習課程。

無須太過於著急與擔心，因爲孩子們該怕的，總會學習得到，而該從害怕之中體悟並形成因應的勇氣，早晚也會被訓練出來。

人與人相處，以誠意為基礎

人與人之間的相處之道，其實真的很簡單，你以誠意待人，別人就以誠意待你，如此而已。

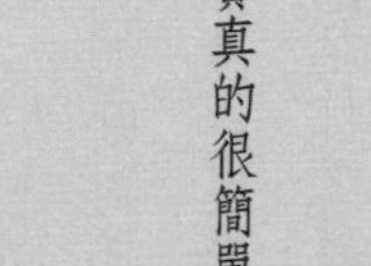

最擅長做生意的生意人，不是只曉得從顧客的口袋裡挖錢的人，而是懂得和顧客交朋友的人。

前者爲了賺錢，可能什麼事都做得出來，不管是哄抬價錢或是降低品質，唯一的目的就是提高自己的利潤。但是，如此做法，一旦顧客覺得自己被欺騙、被欺負、被壓榨，就絕對不可能再上門光顧。沒有人想當一再受騙的二百五，也沒有人喜歡被當成笨蛋看待。

一個懂得和顧客交朋友的人，才是眞正能夠永續經營的人。一旦深獲顧客的信賴，回流率與推介率也會相對增加。不爭眼前的蠅頭小利，建立與顧客之間的良好情感連結，自然有綿延不絕的巨大商機。

在美國喬治頓市有一家服裝店，店裡有位女店員名叫布拉姆頓，就深明「爲顧客設想」的道理。

比方說，有一天服裝店裡來了一位年輕女子，一進門就說：「我想買一件最炫、最搶眼的禮服，一定要讓甘迺迪中心廣場前的每個人，看到我連眼珠子都要掉出來！」

布拉姆頓聽了，以專業誠懇的態度對那名女子說：「沒問題，我們店裡有全市最炫、最搶眼的禮服。不過，那些衣服是爲沒有自信心的人而準備的。」

那名女子立刻皺眉說：「妳這話什麼意思？」

布拉姆頓不慌不忙地回答：「您不知道嗎？一般來說，人會想要穿這樣的服裝，多半是用來掩飾他們的自信心不足。」

女子聽了布拉姆頓的解釋並沒有展露笑顏，反而怒吼：「哼！我可不是缺乏自信心的人！」

布拉姆頓說：「請您別急著生氣，不管您要什麼樣的衣服，我都能幫您找到，但是您何不想想，您爲什麼唯有穿這樣的衣服到甘迺迪中心廣場去，才能讓衆人的眼珠子掉出來？難道您不能不靠衣服而靠自身的美好特質去吸引人嗎？依我看，您的氣質和風度都顯示出您擁有美好的內涵，爲何要用華而不實的衣服遮掩起來呢？難道您眞的不在乎當旁人停下腳步來看您時，看到的只是您的衣服而不是您本身嗎？」

那名女子咬著唇摸著衣料，思索了好一陣子，終於開口說：「是啊，妳說的對，我幹嘛要花大筆錢，只爲了買別人一句『妳的衣服好漂亮』的評語？謝謝妳給我的建議，那我今天就不買了。」

旁人或許覺得布拉姆頓是個呆頭鵝，沒事把生意往門外推，平白錯失一個賺錢的好機會，但是，布拉姆頓並不這麼認爲，她反而覺得能夠把最恰當的衣服賣給最適合穿的人，才是做生意最重要的原則。

事實證明，布拉姆頓是對的，因爲服裝店並沒有因爲她的「不願賺錢」而關門，反而生意越來越好。有許多被她推出門的客戶，最後都又回來找她，因爲他們知道布拉姆頓將會給予最恰當的服裝建議，不會硬推銷他們買一大堆根本派不上用場、穿不出效果的衣服，此外，他們也都願意介紹親朋好友來光顧布拉姆頓的店。

英國教育學者洛克認爲：「了解的目的有二：一是增加我們本身的知識；二是使我們能將那知識傳給別人。」

布拉姆頓的知識，不是用來佔人便宜的，而是要拿來與人誠意交往的。這種做法讓她不違背自己的良心，同時也塑造出更專業的形象，使她更値得人信任。人與人之間的相處之道，其實眞的很簡單，你以誠意待人，別人就以誠意待你，如此而已。

太相信表面，就容易被矇騙

重要的事物，是眼睛看不到的。不論人事物，都不能只看表面現象，兒要進一步用心推究本質。

有一句話說：「眼見爲憑。」好像不管什麼事，非得透過兩隻眼睛親眼見證才能作數。

然而，很多時候，我們要是只相信眼睛所代表的眞實，不用推究，說不定將可能失之毫釐、差之千里。

更多時候，人會被先入爲主的印象蒙蔽，導致識人不清、識物不明，一不小心就可能鬧出笑話。

就像魔術就是利用視覺的障眼法，表演許多看似神奇的把戲。要是我們一味以爲眼睛所看見的就是眞的，實際上我們正在被自己的眼睛欺騙。

有一位大將軍，在某次戰役中獲得了空前勝利，成功登陸原本爲敵軍所占據的小島。

將軍來到島上視察，發現小島中央塑立了一座高達好幾公尺的銅像，銅像的底座周圍則由一圈整潔的鐵欄杆圍著，在烈日之下，映照得金光閃耀，讓將軍看得目眩神迷。

將軍當下決定，要把這座銅像帶回國去，當做此次戰役的紀念品。於是，他命令屬下找來吊車，想辦法在不損壞外表的情況下，將銅像運到船上。

由於將軍一再叮囑務必小心，千萬不要粗魯地讓銅像受到損傷，士兵們自然如臨大敵一般謹慎地執行任務。儘管有不少士兵覺得帶一座這樣大而不當的銅像回去，實在不是一個好主意，但沒人敢開口表達自己的意見。

操作吊車的士兵首先察覺不對勁，因爲，原本預期要耗費一些時間才能舉起的銅像，居然輕輕鬆鬆就被吊了起來，感覺上還有點搖搖晃晃的。

銅像置放在棧板之後，所有的士兵全都圍了過來，許多人都「咦」了一聲，露出納悶的神色。

原來，讓將軍見獵心喜、視若珍寶的銅像，並不是眞正用銅製作的，而是木頭做的，只是外表塗上一層銅色罷了。仔細一看，塑像的根部甚至已有了些腐爛的情況。

一時之間，士兵們面面相覷，誰也不知道該如何向將軍報告這個事實。但是在場的每一個人想到戰功顯赫、威名鼎鼎的將軍，竟然會被塑像的外在表相蒙蔽，全都忍不住地笑出來。

人是視覺性動物，相信眼睛遠超過相信其他感官。有時候，明明自己心底覺得怪怪的，但是只要眼睛瞧不出問題，就以爲一切都是胡亂猜想，進而忽略其他的各種感覺。

斯文的外表就一定是個翩翩君子嗎？臉色紅潤就一定是個活潑少女嗎？睫毛長翹就一定脾氣不好嗎？刻板印象，正是幫助眼睛欺騙我們的最大元兇。

就好像故事裡的將軍，一見到金光閃閃的塑像，就覺得一定是値錢的寶物，想要佔爲己有，不細加探索的結果是鬧了大笑話，不只失了面子、眼光，還突顯了自己的貪婪本性。

法國作家聖．艾修伯里在《小王子》裡這麼說過：「如果沒有用心看，就會看不清楚。重要的事物，是眼睛看不到的。」

不論人事物，都不能只看表面現象，而要進一步用心推究本質。一旦失去了清明澄清的本心，我們將看不到表面底下的眞正本質。

沒有好口才，機會不會來

想過如何突破人生的困境嗎？或許你應該從加強自己的說話能力做起。口才好不好，真的非常重要。

雖然孔老夫子曾經厲言批判把話說得天花亂墜的人說：「巧言令色，鮮矣仁。」但是，相信很多際遇不順的人還是能夠體會到，一個人有沒有口才，會影響到自身的未來。

會不會說話，腦筋、舌頭動得夠不夠快，有時候確實眞的會左右一個人的際遇，不可輕忽。

能否把話說得漂亮，攸關一個人能獲得多少機會。

美國獨立戰爭期間，軍隊裡的軍規森嚴，甚至不准士兵玩紙牌，以免軍心渙散。然而，規定歸規定，還是有不少士兵私底下偷偷玩牌。

有一天，有一名士兵正在玩牌的時候，被一名中士發現了。由於兩個人平常就有小嫌隙，中士立刻將士兵抓了起來，揪著他到上校面前請求處分。

上校聽完中士的報告後，轉頭問士兵有什麼想要抗辯的。

士兵立刻說他出身於一個基督教的家庭，全家篤信上帝，每天晚上都要對著聖經禱告。但是，當了兵以後，因爲薪水太少，買不起全本《聖經》，只好借錢買一盒紙牌來代替。

中士聽了立刻噴笑出來，大聲喝斥：「說謊不打草稿，把紙牌當成《聖經》？這說出去誰會相信！」

士兵連忙辯解：「是眞的，我沒說謊！我可以把其中的道理說給你聽。」

眼看兩個人又要吵起來，上校開口要士兵繼續說下去。

於是，士兵拿出紙牌，一張一張開始說明，他說：「比方我拿到一張A，也就是一點，就會讓我想起萬能的上帝。如果我拿到二，就會想到上帝和上帝之子耶穌。三點呢，就代表三位一體的聖父、聖子、聖靈。四點是馬太等四位佈道者，五點則是那五位聰明的少女和五個愚蠢的姑娘。六點意味著上帝創造世界時，只用了六天，七點則是第七天當爲禮拜日。八點代表的是逃離大水的諾亞一家八口，九點讓我想起救世主曾爲九位痲瘋病人治病的故事，十點無疑就是摩西的十誡。紙牌裡的皇后是來自地角天涯的西芭，特地前來聽取所羅門的智言。老K國王，當然就是天國大帝的象徵了。」

看到這名士兵如此會扯，上校忍不住打趣地問道：「那麼，你又該怎麼解釋鬼牌黑傑克？」

士兵老神在在地說：「噢，傑克以前代表猶太。不過，我現在一看見他，就想起抓我的中士。」說到這裡，眼神故意飄向中士，把中士氣得牙癢癢的。

見上校的表情顯得興味十足，士兵繼續發揮胡扯的本事：「這些紙牌的秘密還不只如此，我數過，一副牌裡的所有點數全加起來，剛剛好是三百六十五，有圖畫的牌有十二張，剛好一張牌代表一個月份。如果把一副牌按照點數聚集在一起，可以分成十三疊，這恰恰好提醒了我，千萬不能忘記，一定要在上校英明的領導下，保護合衆國的十三個州。」士兵的最後一句話，馬屁拍得不慍不火，上校當即決定放過他。

一般來說，人與人之間的交流、應對，多半從說話開始。話說得好，通常就能順利通過第一關。

以職場面試來說，雖然主考官已經在履歷等書面資料上初步知道面試者的基本資料，但一般而言，是不會有人光看履歷就決定錄取一個人的。怎麼說也要先見個面、談談話，才能眞正做決定。這時候，儀表與談吐就決定了一切。

一個能言善道的人，通常意謂著反應較快，性格也較活潑，如果該項職務不是需要特別安靜或自閉的人才，這樣的人獲取錄用的機率當然比較高。

一個外表合宜，說話又有模有樣的人，通常印象分數也會大幅提高。就好像故事中的士兵，以職等來說，他沒有任何勝算，但是他知道自己其實不用和中士打交道，只要搞定最上階的人士就成了。

一段又一段《聖經》故事，巧妙地套在撲克牌上，任誰聽來都知道是扯淡，卻也挑不出破綻可以反駁，這就是士兵聰明且高明的地方。

蕭伯納曾說：「有信心的人，可以化渺小為偉大，化平庸為神奇。」這名士兵就憑著自信、口才和敏捷的反應，成功地爲自己化解了一次危機。

想過如何突破人生的困境嗎？或許你應該從加強自己的說話能力做起。口才好不好，眞的非常重要。

2.

用自信激發全新的自己

一旦能夠將那種不如人的感覺加以排除，
就能夠放手去發揮本有的技巧或學識，
為自己爭取更多的優勢。

充滿自信，就能改寫生命

每個人都有缺點，要做的不是對自己的缺點視而不見，而是要想辦法讓缺點找到合適的出口，讓它們變身成對自己有利的優勢。

美國西部歌手金・奧特雷剛出道的時候，一直想改掉德州的鄉音，故意穿得像都會紳士，唱流行歌曲，結果卻遭到觀眾的嘲笑。經過這次挫折，他徹底改變，開始用德州腔唱自己最拿手的西部歌曲，終於開創輝煌的演藝生涯，成爲世界知名的西部歌星。

這則軼事說明了，每個人都有有別於他人的特色，當我們看重這個特色，特色就成了優點；當我們厭惡這個特色，特色就變成了缺點。

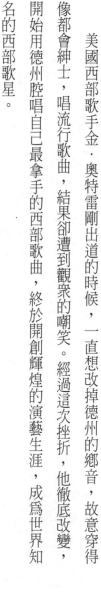

一個人如果討厭自己，就會讓自己變得討人厭；一個人如果不覺得自己值得愛，就很難會有人愛。

莎士比亞曾經在著作中說過一段饒富深意的話：「假使我們將自己比做泥土，那就真要成為別人踐踏的東西。」

確實，人生最重要的一件事就是肯定自己、賞識自己，因爲，你認爲自己是什麼，最後你便會成爲什麼。感到自卑的時候，只要懂得轉換心情，就會讓自己充滿信心，許多看似困難重重的事情，也會因爲你的轉變而心想事成。

凱絲．戴利從小就很自卑，她有一張寬大的嘴和微暴的牙齒，始終讓她耿耿於懷，抬不起頭來見人。

其實，在凱絲的心裡一直有個夢想，希望有一天能成爲一個出名的歌手。但是她不只沒有勇氣把這個夢想對別人提起，連自己也沒有信心能夠完成。畢竟，她只敢在沒有人的時候開口唱歌，根本不敢在大庭廣眾下演唱。

凱絲的沮喪不是沒有原由的，在每個人都得表演節目的高中畢業派對上，她曾鼓起勇氣地選擇唱歌這個項目，但結果相當悲慘，讓她從此信心全失。

那一天，她穿著母親給她的白色小禮服，撐著顫抖的雙腳走上舞台，音樂一響起就跟著開始演唱。可是，她實在太在意她的暴牙會被人看見，於是想盡辦法噘著嘴唱，結果，整首歌有好幾句都跟不上節拍，變得零零落落，音樂和她的歌聲各行其道。越緊張越忘詞的她最後完全唱不下去，只能紅著臉枯站在台上，承受眾人的哄堂大笑。

當時，她真恨不得能挖個地洞鑽進去，只能帶著沮喪和難堪逃下台。

後來，音樂老師史密斯夫人把她找了來，誠懇地對她說：「凱絲，其實妳的嗓子很好，應該可以唱得更好的，可是妳唱歌的時候總像是在掩飾著什麼，感覺扭扭捏捏，很放不開的樣子。」

凱絲猶豫了好一陣子，才羞紅了臉，把自己對於牙齒的想法向史密斯夫人說了出來。

史密斯夫人聽了，對她說：「這有什麼關係呢？暴牙並不是什麼罪過，它也是妳身體的一部分，爲什麼要拚命掩飾？如果連妳自己都不喜歡自己，別人又如何喜歡妳？如果妳敢大聲開口唱歌，妳的歌聲一定會受許多人喜歡的，說不定妳這口牙齒還能給妳帶來好運氣！」

凱絲想了幾天，終於決定接受音樂老師的建議，先不去想自己的牙齒，只專注於唱歌這件事，漸漸地，她能眞正盡情開懷歌唱。凱絲的不斷努力，讓她得以開始歌唱事業，並且成爲一位頂尖的歌手，她的大嘴和暴牙則成了她的個人特色，還有不少人想模仿她呢。

人必須對自己充滿信心，英國十九世紀知名的評論家湯瑪斯．卡萊爾曾經十分嚴厲地批判說：「相信自己正確的人，會強過國王的萬軍；懷疑自己的正確性之人，連一點力氣也沒有。」

我們爲什麼要成爲一個扯自己後腿的人？批評我們的人已經夠多了，爲什麼還不肯給自己一點鼓勵、一點機會？

故事中的凱絲如果不是自己想通，必然沒有機會成爲夢想中的歌手，也沒有機會讓她富有特色的歌喉成功展現在大衆面前，因爲她連開口唱歌都不敢，別人又怎麼可能聽得到？

每個人都有缺點，要做的不是對自己的缺點視而不見，也不是任由缺點打擊我們的未來，而是要想辦法讓我們的缺點找到合適的出口，讓它們變身成對自己有利的優勢。

有自信就能創造奇蹟，爲什麼？答案很簡單，正是歌德所說：「有自信，別人也就相信你。」

想要得到成功，就必須相信自己絕對能夠成功。

自己決定的生活，就是好的生活

如果我們不能適時把積極的靈魂展現出來，便不會知道真正適合我們的是什麼，心中真正想要的又是什麼。

大多數人孜孜不倦地努力工作，是想從中得到讓自己幸福、滿足的感覺，可是，當我們有了穩定的工作與平穩的生活之後，往往驚訝地發現自己過得不快樂，心中充滿著改變現狀的渴望。

爲什麼會這樣呢？這樣不快樂的生活眞的不能更改嗎？

事實上，你的人生軌跡並非得如此朝陰霾的方向發展，只要換個心情思考自己要的到底是什麼，你一定可以幫自己下定決心。

文學家拉爾夫．愛默生認爲：「世界上唯一有價值的東西是積極的靈魂，每個人都享有擁有這靈魂的權利，每個人都將這靈魂隱藏在自身之中。」

如果我們不能適時把積極的靈魂展現出來，便不會知道眞正適合我們的是什麼，心中眞正想要的又是什麼。

雷諾茲本來在美國杜爾沙市的一家大石油公司擔任財務助理，工作遠景可期，既穩定又有高額的收入。他有一個家庭，賢慧的太太、三個活潑的小孩，閒暇時，他還喜歡畫畫。他的畫頗有水準，不只裝飾在辦公室的牆上，甚至有人願意花錢來買。

由此看來，雷諾茲的生活可說是人人稱羨了。

可是，雷諾茲卻始終覺得自己的生活有一點小缺憾，因爲他想要有更多的時間作畫。

目前的工作環境雖然很優渥，自己在公事上也處理得得心應手，但是如果能夠有更多的時間拿著畫筆在畫布上盡情揮灑，雷諾茲才能眞正感到心滿意足。

在雷諾茲的心裡有個想法，他希望能夠搬到新墨西哥州的陶歐斯城去，專心當一個全職畫家，在那個藝術家的天堂裡，徹底享受藝術的浸潤。但是，這個決定非常冒險，意味著他必須放棄現有穩定的生活，移居到新的市鎮，也意味著他的家人將因此受到影響。

他找機會試探性地對妻子提起這個決定，想聽聽妻子的看法與意見。想不到，她聽了，立刻歡欣鼓舞地說：「太好了，如果我們賣掉這裡和家具，就可以在陶歐斯開一家畫具店，還可以兼賣畫框。平時我來看顧店面，這樣你就能夠盡情作畫了。我相信只要我們全家同心，一定可以成功。」

在妻子的鼓勵下，雷諾茲眞的辭去了工作，舉家搬遷到陶歐斯。剛開始，日子確實難過了一點，但是雷諾茲的家人並不因此而潑雷諾茲冷水，反而盡力去分擔種種的事務，讓他可以無後顧之憂。

雷諾茲深深爲家人的付出而感動，激勵自己一定要在畫壇闖出名聲，在日以繼夜的努力之下，終於成爲美國西南部最成功的畫家之一。

現在，他是陶歐斯城畫家協會的會長，他的畫作曾在美國各地風光展覽過，在陶歐斯最熱鬧的市街上，擁有一家畫廊和畫室。

雷諾茲的抉擇，在別人看來頗有風險，但在家人的全力支持下，這個抉擇變成了通往成功之路的關鍵決定。

有一句頗有意思的話是這麼說的：「人字有兩撇，人的一生要向左走還是向右走，得靠自己來決定。」

有的時候，我們雖然過著旁人稱羨的生活，但自己心裡卻有著一種小小的遺憾。那種遺憾無以名狀，好像少了一點什麼，又好像多了一點什麼，總之就不是剛剛好的狀態。

因此，我們雖然生活如常，但卻漸漸失去衝勁與活力。

學學雷諾茲吧，找出自己眞正想要做的事情，找出自己心中眞正的夢想，然後大膽去實行。或許旁人會嘲笑你，嫌你愚蠢，但是，你至少曾經努力尋夢築夢；

你可能有美夢成眞的一天，也可能體會幻滅的時刻，但無論如何，你都曾經爲自己努力過，經驗和感受將使你感到由衷的驕傲。

作家塞爾曾經說過：「除非經過你本人同意，否則沒有人可以替你決定你自己要過的人生。」

每個人的人生，都應該儘量由自己決定，當然，決定之後，所有的後果也應該由自己一肩承擔。

做決定的時候，一定要保持心情穩定，如此一來，透過自己的種種決定和經歷，我們更能看清：自己決定要過的生活，就是最棒的生活。

用自信激發全新的自己

一旦能夠將那種不如人的感覺加以排除，就能夠放手去發揮本有的技巧或學識，為自己爭取更多的優勢。

在這個不景氣、隨時都有失業危機的時代，很多人的情緒就像是浮動油價起伏不定，而且容易被消極思想誤導，動不動就陷入悲觀之中。

其實，人生最重要的課題，就在於身處困境，感到徬徨迷惑之時，能否克服自卑情緒，讓自己的心情保持平穩，充滿信心地走出逆境。

美國勵志作家馬克斯威爾．馬爾茲曾說：「使我們產生自卑情緒並影響生活的，並不是在技巧或學識上不如人的認識，而是有不如人的感覺。」

一旦能夠將那種不如人的感覺加以排除，就能夠放手去發揮本有的技巧或學識，為自己爭取更多的優勢。

海曼自從丟了工作以後，活得非常落魄。

一個鐘頭以前，他從銀行裡把存款全領出來，共是一百六十七美元三十美分，這已是他所有的全部財產了。要是把這筆錢花光以前還沒能找到工作，就得喝西北風了。

想到這裡，他不禁覺得頭痛，低著頭苦思接下來該怎麼辦。他也知道得盡快找到一份餬口的工作，但是現在時機那麼壞，上哪找好工作去呢？上個星期，他向朋友請託安插個職位，結果對方很快地就拒絕了，讓他在心裡感慨不已。當眞是人一倒楣，連狗都懶得理會。

沮喪的海曼，低著頭走著走著，突然看見路旁有個錢包。他左顧右盼了一下，整條路前前後後只有他一個人，撿起錢包一看，裡頭裝滿了面額一百元和兩百元的鈔票，數一數竟有一萬美元！

錢包裡除了錢空無一物，沒有任何失主的線索。腦海裡的第一個念頭是趕快把錢送到警察局，但是轉念一想，要是這筆錢能歸自己所有，那麼他就可以經營一點小生意，衣食無缺了。

於是，他開始說服自己：什麼樣的人會把這麼大一筆錢丟在路旁？連這麼大筆錢都不知道要好好保管，這樣的人活該丟了這筆錢，好好得個教訓！就這樣，海曼將錢包放進自己的口袋裡，然後頭也不回地走了。

海曼決定要好好地來用這筆錢。他首先走進服裝店裡，換了一身氣派的行頭，花費了一百三十八美元，接下來他想好好填飽空了許久的胃。

錢包裡的一萬美元加上他原本領出的錢，讓他走起路來顯得虎虎生風、信心滿滿。他走進以前當銷售主任時常去的一家餐廳，一進門就看見之前狠心拒絕幫助他的朋友。

海曼故作姿態地走向對方的桌前，禮貌地打了聲招呼，然後挑了個靠窗的座位點上一整桌好菜。

午餐才剛上不久，那位朋友就忍不住好奇地走了過來，神情熱切地和海曼攀談：「海曼，看來你最近混得不錯嘛！」

海曼大方地請朋友喝一杯酒，態度不冷不熱地說：「還過得去，在外地忙了一陣，累了，想休息一陣，就想回來這裡看看。一面放個假，一面看看有沒有什麼生意可做。」

他的態度，看起來就像一位精明幹練的生意人。

朋友討好地問：「對了，你之前不是託我找過工作嗎？不瞞你說，最近我公司需要一位經驗豐富的業務人才來當銷售經理，怎麼樣？你有沒有興趣？」

海曼故意不置可否，以退爲進。

半個小時之後，他的口袋裡多了一份聘僱合約，週薪八百五十美元，從明天就正式上班。但是，海曼還是不動聲色地把午餐吃完，花了三十美元買單，找零全部都算小費。

而後，他以最快的速度來到警察局，將口袋裡的錢包和一萬美元交給負責失物招領的警察。

海曼的行動獲得了相當大的好評，因爲這麼大一筆數字的現金，能夠「拾金不昧」，確實令人佩服。

沒過多久，另一名警員走了過來，聽到海曼的義行，忍不住開口說：「還好你沒花這筆錢，因爲這筆錢是要用來付贖金的，裡面每一張錢都做了記號，只要你一用，就會立刻被逮捕。不過，現在不用擔心了，由於你的善行，已經爲你排除了共謀的嫌疑。」

有一句俗話說：「有錢不一定行，但沒有錢是萬萬不行。」看來海曼已經深悉其中的道理。他憑著口袋裡的萬元鈔票，幫自己建立了足夠的信心，即使他花光了所有的金錢，卻也爲他保障了穩定的未來。

有時候，人缺少的就是那一點信心，只要有了信心當作墊腳石，人看得見的遠景也更多更美好了。

人生總是充滿了高潮與低潮，要如何克服這些人生低潮，無疑是活在M型社會的現代人必修的課程。

遇到困境，千萬不要心灰意冷，首先應該要求自己保持平常心，拿出紙筆，從各個層面分析困境形成的原因，然後寫下可能的解決方法，如此才能幫自己重建信心，引導自己走向快樂而寬闊的人生。

一個人的成就永遠跟他身處逆境時，所展現的自信成正比。

無論置身什麼環境，遭遇什麼困境，只要願意試著調整自己面對的心情，這些眼前的瓶頸都會成爲通往成功、幸福的途徑。

做好口碑，為自己創造機會

這是一個「做口碑」的時代，沒有人能夠容忍馬虎輕率，也不會有人給你太多次機會。一次不成、不好，就可能沒有下一次了。

工作沒有貴賤，差別在於人本身看待工作的態度。再微不足道、再低下的工作，都必須用敬業的態度去做。

每一份工作完成後，都有人在看，都有人在檢核，都有人知道你是不是踏踏實實地把任務完成。只有做好「口碑」，你才能不斷創造機會。

演員艾丹·奎因參與過二十多部電影的演出，其中包括〈心靈的樂聲〉、〈邁克爾·柯林斯〉等片。

然而，奎因並不是一飛登天地獲得成功，事實上，他從很小的時候就已經在幫忙家計了。

十一歲時，他開始接替哥哥原本的工作，早起幫忙送報紙。

這份工作看來簡單，其實做起來並不輕鬆。每天天未亮就得起床，騎著自行車到報社拿報，而後依著自己負責的路線，沿路送報到每一戶訂報的人家。

準時是非常重要的，奎因深深明瞭這一點，報紙的訂戶會希望在清晨六點時，報紙就好好地躺在家門口。

奎因發現，如果他晚到了，他們就會站在門口等，臉上露出不耐煩的神情；相對的，如果他工作做得好，就可以得到一筆可觀的小費。

這段工作經歷，讓他養成了一個習慣，就是無論做什麼樣的工作，都會全心全力地投入其中，盡可能地達到每一項工作要求。不管是在食品工廠幫忙包裝，還是幫忙刷油漆，抑或是在屋頂上塗防水用的瀝青，他都一樣認眞盡力地去做。

他深切地相信，只要努力工作，盡力讓自己表現出職業水準，就能從那份工作裡獲得更多。

後來，他更將這份認知，應用在他的演藝工作之中。他的工作是扮演各種角色，而他的目標則是演什麼一定要像什麼，只要做得到、做得好，就能因此再得到更多更好的角色演出機會。假使有一個場景需要他跳水，在導演要求之前，他一定會練習跳好幾次，直到自己能夠確定演好爲止。如果導演覺得表現得不夠好，他也會一再配合、一再修正自己的演出，只到導演喊「ＯＫ」。

奎因的敬業精神是有目共睹的，他曾和劇組一起到巴西的叢林裡拍電影，一路上他都和其他的演員一起幫忙工作人員搬運沉重的拍攝器材上山，穿過崎嶇的山區，沒有一句怨言。

在奎因的信念裡，演戲和其他的工作並沒有什麼不同，當一個好的送報童需要做到認眞、守時、盡心盡力等要求，這些訣竅對拍電影來說一樣有用。

這是一個「做口碑」的時代，沒有人能夠容忍馬虎輕率，也不會有人給你太多次機會。一次不成、不好，就可能沒有下一次了。

即使是一張蔥油餅、一盤紅豆冰、一碗蚵仔麵線，甚或是一支手機、一台電視、一本書，只要給人的觀感不好，覺得草率輕忽，日後勢必不會再來光顧。

不只是如此，產品的每一個環節，工作的每一道關卡，之後都會有人接手，都會有人知道你是不是確實完成應做到的部分。簡單地說，只要有一個人態度隨便，就是給所有的人惹麻煩。

奎因之所以受人敬重，正是在於他敬業的態度。這樣的態度，意謂著他將工作視爲很重要的一部分，他對他的使命極度重視。這樣的人必定會把交付的任務順利完成，而且做得完美。

這就是專業，這就是敬業，這就是盡責。這樣的人在告訴別人，他值得被信任，任務交給他就沒問題。一個人竭盡全力地完成自己的工作，就等於是爲自己的下一步舖路。

藉由分擔來紓解心上的負擔

為自己的人生選擇，而最好的選擇，就是藉由幫助其他的人來分擔彼此的哀傷，分享彼此的快樂。

人生旅程中，有許許多多酸甜苦辣的滋味匯聚在一起，形成了一種沉重的負荷。生命的重擔，若想一肩挑起，如何挑法，攸關我們能夠承擔多少結果。

仔細觀察載運行李的騾馬，主人往往在一側掛滿了行李貨物，另一側還要再加掛上一個大石塊，如此騾子或馬匹便能負載平衡，反而輕鬆。要是到了下個集市又採買了另一堆貨物，就可以替換掉大石塊。

非洲人習慣以竹竿挑擔，也會在竹竿的一端綁上石塊，以肩膀當支點，來平衡所需挑載的物品。

雖然這種方式很笨——爲什麼不把貨物分成兩份，硬要找石頭增加負擔，但是，這些例子說明，同樣的貨物，只放在擔子的一端和平分於兩端，挑起來的結果與感受是截然不同的。

再舉一個簡單的例子，以單手提握和將重量平均分攤於兩手，明明面對的是重量相同的物品，兩手提握的感覺總是會輕省許多。

除了實際的重量可以利用均分方式省力，精神方面的壓力也可以借用分散注意力的方式。

巴特勒女士意外失去了她的小女兒。一天晚上她的女兒飛奔到陽台上歡迎她回家，結果衝力太大，不小心衝出陽台，墜樓身亡。巴特勒女士一時間難以接受，精神幾近崩潰，過於悲痛的結果，整個生活全然走樣。

有一天，社工人員帶了一位老太太來看她。這位老太太負責主持一個慈善機構，專門協助收容流浪街頭的幼童，幫助他們找到新生活。

老太太對巴特勒女士說：「妳成天待在這裡哭也不是辦法，不如來幫幫我吧，我年紀大了，實在照顧不了四十幾個孩子。妳需要勞動來忘懷憂傷，而他們需要人照顧來遠離顛沛流離的生活，你們彼此需要。」

巴特勒女士同意了老太太的建議，從照顧流浪街童的工作中，重新找到活下去的力量。她將這些孩子當成自己的孩子來關懷，就好像關懷她那來不及長大的小女兒一樣。

她終於明白，當自己願意改變心情，自己心裡的哀傷便在無形中減輕了許多，走出陰霾的同時，更可以爲別人帶來陽光。

雖然我們總希望能擁有一個快樂又美滿的人生，但卻始終無法避免生命裡的悲傷時刻，爲失去悵然、爲不公憤怒、爲分別難過，也爲錯誤悔恨。我們無法逃避這些哀傷，但至少，我們能選擇用不同的方式去面對心底的傷痛。

英國哲學家培根曾經說：「如果你把快樂告訴一個朋友，你將得到兩個快樂；如果你把憂愁向一個朋友傾吐，你將被分掉一半憂愁。」

像故事中的巴特勒女士，她原本獨自一人傷心，每一天的生活都在提醒她失去了什麼，沒有辦法走出那些令人傷懷的情緒，只能不斷地難過哭泣。可是，收留街童的老太太卻給了她另一種選擇，她可以轉換心情，用另一種較健康的方式來排解自己的哀傷。

不再哭泣，並不代表忘懷了令人傷痛的事件，而是讓自己得以透過不同的形式來處理負面情緒。我們可以哭到眼睛氣弱，但也可以化悲憤爲力量，使更多人不再哀傷。

我們可以爲自己的人生選擇，而最好的選擇，就是藉由幫助其他的人來分擔彼此的哀傷，分享彼此的快樂。

轉換心情，才可能心想事成

唯有鍥而不捨地努力，堅持到底不放棄，設想各種解決的辦法並且一一實行、嘗試，成功的大門才會為你開啟。

順境逆境都是人生，即將遭遇什麼際遇，或許不是我們可以決定的，但是，我們絕對可以藉由改變自己的心境，讓自己心想事成。

如果你在事業、工作或生活上遇到瓶頸，那麼就必須冷靜想出解決的辦法，不要患得患失，也不要怨天尤人。

做生意也是如此，不能只懂得一套做法，遇到挫折之時還要懂得對症下藥，才能賺取更多利潤。

哈威・麥凱開了一家信封製作公司，拓展客源與業務，是他身爲老闆刻不容緩的首要任務。

想要開拓新客戶，得花費不少的功夫。

有一次，他前去拜訪新客戶，對方的採購經理一看到他就說：「麥凱先生，你不要再來了。我知道你很有名、很成功、很有錢、事業做得很牢靠，但是我們公司是絕對不可能簽你的訂單的，因爲我們老闆和另一家信封公司有二十五年的深交，你也不用再一直來拜訪我了，因爲過去三年有四十三家信封公司的老闆來找過我了。所以，麥凱先生，我建議你可以不用再浪費你的時間。」而後就委婉地請他離開。

然而，麥凱並不是省油的燈，他決定以這位經理爲目標，好好地做一番功課。很快地，他就發現這位經理有個兒子非常喜歡冰上曲棍球，最崇拜的偶像就是洛杉機最有名的退休球星。

消息靈通的麥凱有一次打聽到那位經理的兒子因爲車禍意外而住院，他的腦筋立刻啓動，透過各種關係，拿到了那名退休球星的簽名球桿。

他帶著球桿來到醫院探病，經理的兒子一臉納悶地問：「你是誰？」

麥凱說：「我是麥凱，我幫你帶了禮物來。」

經理的兒子又問：「爲什麼送我禮物？」

麥凱說：「因爲我知道你喜歡曲棍球，還知道你最喜歡這個球員，你看，這是他親筆簽名的曲棍球桿。」

看到自己夢寐以求的東西，經理的兒子顧不得麥凱的來意，興奮得就想下床來看個究竟。

麥凱連忙遞上球桿，小男孩果然愛不釋手。

那名經理下班來看兒子，發現兒子精神極好，和之前幾天的委靡模樣完全不同，又看到兒子在手上把玩的曲棍球桿，便問是怎麼回事。兒子聳聳肩，只說是麥凱送他的。

下一次麥凱前去那家公司拜訪，沒有再被立刻趕出來，經過幾番努力，他終於成功簽得那家公司一筆四百萬美金的訂單。

如果麥凱在第一次拜訪受挫之後就放棄再一次嘗試，絕對不可能得到高達四百萬美金的訂單。

麥凱的成功在於他並不以失敗爲意，不因爲別人的拒絕而產生沮喪的感覺，反而利用每一次失敗的過程，累積更多觀察與了解，進而把握住每一種可能的機會，設想出解決因應的辦法，最後如願地達成自己的目標。

日本有名的實業家松下幸之助曾經如此說過：「如果抱有『真的好想爬到二樓』的熱忱，也許會想到梯子。但是，只是覺得『想上去看看』而已，就不會想到。如果有『無論如何就是想爬上去，唯一目的就是到二樓』這種程度的熱忱，應該已經去搬梯子了吧。」

一個成功者，絕對不是只靠想就能成功的。唯有鍥而不捨地努力，堅持到底不放棄，設想各種解決的辦法並且一一實行、嘗試，成功的大門才會爲你開啓。

多一點思量，消費更妥當

一方大肆購物，一方樂得清空訂單，但是這些美麗的假象破滅之後，買方付不出錢來，店家也取不回貨物，糾紛必定產生。

人之所以會迷失、盲目，往往是因爲冀求過多自己並不需的東西，把取得這些身外之物當成生活的重心。

有一分能力做一分事，有一分能力得一分享受，如此量力而爲、量入爲出，就不會讓人生陷入虧損累累的狀態。

只有踏實地過活，才能無愧於心，也才不會讓自己陷入無法收拾的境地，進而開創出人生的坦途。

新聞記者畢維斯小時候，他的媽媽就教他一個道理：人要懂得量力而為，特別當事關金錢，更要理得清清楚楚才行。

凡事若不明不白、曖昧不清，很容易會造成錯誤的判斷，也很容易在不知不覺的情況下惹來麻煩。

有一次，他在街上的鐘錶店裡看中了一支手錶，價錢雖然不高，只需一美元，但是當時年紀小小的畢維斯，身上連一毛錢也沒有，怎麼可能買錶呢？

可是，他實在愛極了那支錶，於是向店家老闆請求，可不可以先讓他把錶拿走，以後再一點一點地把錢還清。

店家老闆是認得畢維斯的，實在拗不過他的一再懇求，便答應了他。

第二天店家老闆特地向畢維斯的媽媽提起了這件事，畢維斯的媽媽立刻表示不該讓孩子在年紀這麼小的時候就有了賒欠的前例，於是立刻替畢維斯把手錶的錢付清了。

回到家後，媽媽把畢維斯叫到跟前說：「把錶拿出來，媽媽有話對你說。」

畢維斯只好扭扭捏捏地從口袋裡把錶拿出來，交給媽媽。

媽媽說：「你是很誠實的孩子，媽媽相信你有錢一定會還給店老闆。但是，你有沒有想過，你要到哪裡去賺這一美元呢？你沒有錢的話，不就要一輩子虧欠老闆嗎？那你能夠安心擁有這支錶嗎？關於錢的問題一定要小心謹慎，要是出了錯，可是會吃大虧的。」

畢維斯表示知道自己做錯了，媽媽接著對他說，這支錶現在還不屬於他，應該由她先替他保管，直到他有能力賺了足夠的錢，才能把錶拿走。

爲了能早一日拿到心愛的手錶，畢維斯決定靠自己的力量去掙錢、存錢。後來，只要有鄰居需要人手幫忙，畢維斯便會主動要求幫忙，一點一點賺取零用錢，不久之後總算順利拿到他期待以久的手錶。

俄國文豪杜思妥也夫斯基曾經大聲疾呼：「要正直地生活，別想入非非！要誠實地工作，才能前程遠大。」

故事中畢維斯的母親所堅持的，正是同樣的道理。

在簽帳卡、信用卡發行已久的今日，「卡奴」紛紛出現。事實上，簽帳制度並不是到今日才有的，在以前，只要是與商家熟識的大客戶，多半是能夠先取貨再付款，這種生意互動方式，取決於買賣雙方的信任。

店家深信買家付得起也必定會付，便會同意讓買家先簽帳日後再一併付款；買家因為省去攜帶大量現金的不便，因此也願意進行更多愉快的消費，最後皆大歡喜。

然而，不論買家或店家，如果有一方失去了自制，那麼，雙方的信任就會被徹底消費殆盡。一方大肆購物，一方樂得清空訂單，但是這些美麗的假象破滅之後，買方付不出錢來，店家也取不回貨物，糾紛必定產生。

重新檢視許多「卡奴」的困境，不也就是如此？

在衝動消費之前，請多想想杜思妥也夫斯基的話，多一點思量和考量，不要讓自己陷入絕望的困境。

檢討別人之前，先檢討自己

只要懂得認錯，就有重新改正的機會。最怕的是，光看別人犯了什麼錯，嘲笑別人的無恥與笨拙，卻不知自己的嘴臉也同樣骯髒。

無可諱言的，每個人都會犯錯。

雖然過錯本身有程度上的差異，但是，犯錯的行爲卻沒有太大的差異，都是不應爲而爲。

有些錯，看似小錯，好像沒什麼大不了，但許許多多的小錯，可能會累積成不可挽回的大錯；有些錯誤甚至變成其他錯誤的引線，連鎖引爆的結果，導致不可收拾的結局。

商人耶萊米夏斯．巴布金發現自己的住處遭了小偷，他的一件浣熊皮精緻大衣不翼而飛了。他找來管理員理論，沒有結果，最後乾脆打電話報警，把整棟樓都鬧得沸沸揚揚。

巴布金大吼：「我眞是氣死了，你們知道那件皮大衣有多漂亮珍貴嗎？要是讓我抓到那個小偷，我絕不放過他。」

警察很快就來了，身旁還牽著一條警犬。這條大狗渾身棕毛，鼻子尖尖的，看起來讓人不禁有點害怕。很快地，那條狗鼻頭在空中嗅了一會兒以後，立刻撲向其中一名房客。

被狗撲倒的老太太登時哭叫著：「好啦！好啦！我招了，我私釀了五桶烈酒，連同蒸餾器一起藏在地下室。我認罪了！我認罪了！」

所有的房客都面面相覷，誰也想不到，老太太平常和和氣氣，竟然會幹出非法的事來。

警察怒斥道：「那皮大衣呢？巴布金先生的皮大衣是不是妳拿的？」

老太太啜泣地回答說：「什麼皮大衣啊？我根本不知道也沒看過，我就藏了五桶酒而已。警察大人，您饒了我吧，快把這隻狗帶開！」

老太太很快就被銬住，準備被帶回警局訊問。想不到，接下來，棕色大狗又朝空中嗅了嗅，飛撲到管理員身上。

管理員的神情看起來非常驚恐，連忙求饒：「警察先生，你把我帶走吧，這些年來，我每個月都超收每位房客的水費。」

聽到管理員的自白，現場所有的房客都立刻鼓譟起來，紛紛要管理員把超收的費用如數吐出來。只見被大狗壓在地上的管理員可憐兮兮地說自己早已經把那些錢都花光了。

管理員也被銬住，巴布金似乎有些不安起來，打哈哈地對警察說：「算了，我不想找那件皮大衣了，你快把那隻狗帶走吧。」

警察冷笑地望著他，果不其然，那隻棕狗已經將目標轉向了他。在大狗還沒撲過來之前，巴布金就嚇得跪地哭喊：「是我的錯！是我的錯！那件大衣是我弟弟的，因爲我自己想要把大衣據爲己有，才會假裝遭了小偷……」

一切眞相大白，根本沒有大衣失竊事件，全都是巴布金自導自演。

即使巴布金已被警察銬住，事情卻還沒結束。在棕色大狗的威嚴下，所有犯過錯的人都無所遁形，全都準備上警局。

最後，只剩下警察和警犬。

只見那條狗倏地撲到警察身上，嚇得警察連忙大喊：「是的，我的好兄弟，是我對不起你，你咬我吧，因爲每個月三塊金幣的狗食費，有兩塊金幣都到我的口袋裡去了。」

那條狗也許只是一時玩興大起，不料所有的人竟立刻開始自陳罪狀。或許應該這麼說，並不是那條警犬具有驚人的偵探力，而是每個人做賊心虛，面對不了自己的良心。

《聖經》裡曾有過一則故事，一名婦女因爲姦淫罪名被抓住，但是耶穌說，誰自認自己從未犯過錯事，誰才有權力拿石頭打她。一時之間，竟沒有人敢把手上的石頭扔出。

德國哲學家歌德這麼說：「錯誤與真理的關係，就像睡夢與清醒的關係一樣。一個人從錯誤中醒來，就會以新的力量走向真理。」

犯錯不是無可挽救的，只要懂得認錯，就有重新改正的機會。

最怕的是，每個人光看別人犯了什麼錯，嘲笑別人的無恥與笨拙，卻不知自己的嘴臉也同樣骯髒。

有一句廣告詞說得極好，「刮鬍子的時候要看著鏡子，刮別人的鬍子之前，先把自己的鬍子刮乾淨。」要檢討別人之前先檢討自己，這樣或許會顯得理直氣壯一點，不是嗎？

3.

先處理心情，再處理事情

一個健全的社會人，
該是一個能夠處理自我情緒的人。
我們想要培育更多健全的社會人，
便應該從當個健全的父母開始做起。

換個心情思索自己的處境

與其為別人的差別待遇忿忿不平，何妨換個心情思索自己的處境，藉由外在的尖刻來磨礪自己？這會比漫無目標地胡亂衝撞來得更有意義。

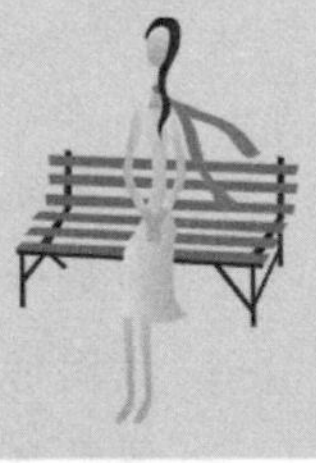

我們不能說這是個狗眼看人低的世界，但是，很多時候，人的外在條件、身分地位，確實會影響旁人的態度。

遇到勢利的人，你該怎麼辦？一味指責對方、要求別人改變，要是別人不改、不動，你又能如何？

與其如此，還不如花費心力去增強厚植自身的實力。讓自己成爲目光的焦點，別人自然會反過來依從你的想法。

美國汽車大王亨利．福特曾經感嘆地說，自己之所以能有如此成就，全是起因於一家餐館裡的際遇。

當時，他還只是個修車工人，有一回領了薪水，興致勃勃地打算到當地一家他觀望了很久的高級餐廳吃飯，想要好好慰勞自己一番。

想不到自己在餐廳裡呆坐了近十五分鐘，沒有半個服務生過來招呼他。最後，總算有一位服務生走過來問他是不是要點菜。

亨利連忙點頭稱是，服務生接下來一句話也不吭，不耐煩地將菜單粗魯地丟在他的桌上。

亨利忍住氣打開菜單，才看了幾行，耳邊就傳來服務生輕蔑的聲音：「不用看得太仔細，反正你只要看右邊就好了（印有價格的部分），至於左邊的（只印有菜色菜名的部分）你就不用費事去看了。」

亨利忍不住抬起頭來，目光正好迎視到服務生的眼神，他清楚地看見對方臉上寫滿了不屑。

這種情況立刻讓他的憤怒打從心底湧出，當下第一個反應，就是想要點最貴的大餐，給那個服務生一點顏色瞧瞧。

不過，他很快就打消這個念頭了，因爲想起口袋裡那份微薄的薪水，不得已，咬咬牙，還是只點了一份漢堡。

服務生從鼻孔「哼」了一聲，態度傲慢地收回了亨利手中的菜單，嘴巴雖然沒有再多說些什麼，但是臉上的表情清楚地讓亨利明白，他早知道這個窮小子只吃得起漢堡罷了。

服務生離開之後不久，餐點總算上桌。

亨利並沒有因爲花錢還受氣的緣故而繼續惱恨，他反而一邊吃一邊冷靜下來思考，爲什麼自己總是只能點最便宜的食物，而不能點眞正想吃的大餐。

從此，亨利立下志願，期許自己一定要成爲社會中的頂尖人物。果然，他從一位平凡的修車工人，變成了叱吒美國車壇的風雲人物，改寫了汽車界的歷史。

面對同樣的問題，你會怎麼處理？又有何種感想？

必定有些人會痛批那名服務生態度傷人，也有些人認爲這樣的餐廳不值得去，或者號召更多受辱顧客向他們討回公道。這樣的想法都是在檢討別人，希望別人做出改變，但別人眞的會改變嗎？亨利．福特不同，他決定省思自己，因爲只要自己夠強壯，那麼再大的風波都撼動不了。

社會上形形色色的人都有，我們沒有辦法要求每一個人都順從我們心意，只能形塑自己，讓自己發揮影響力。

法國思想家阿魯貝德認爲：「人不應該將不幸歸咎於環境，應該學習重新鍛鍊自己的意志，並確認自己此後應走的路。」

與其爲別人的差別待遇忿忿不平，何妨換個心情思索自己的處境，藉由外在的尖刻來磨礪自己？這會比漫無目標地胡亂衝撞來得更有意義。

行到絕處，你仍然可以選擇出路

不要把眼前的絕境歸諸上天或旁人，因為一切都是自己的選擇，假使我們賴坐在絕境處痛哭不走，即使神明來拉也是拉不動的。

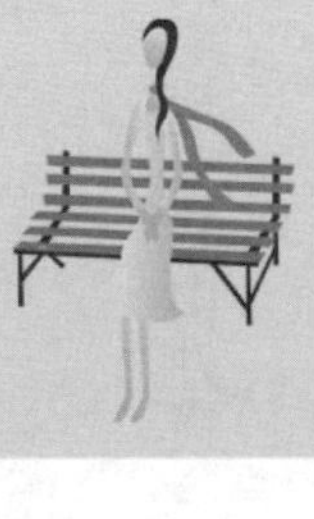

有人說，人生本來就不公平，有人出生含著金湯匙，有人裹舊衣破布；有人一輩子吃香喝辣，有人連求一餐溫飽都很困難。

是的，人生似乎真的很不公平。

但是，至少有一件公平的事，就是每個人可以決定自己的一生要過什麼樣的日子，走什麼樣的路，無論眼前的際遇如何。

不少人出身貧苦，日後卻光榮顯赫，但也有不少人原本享榮華富貴，最後卻淪落至萬劫不復的境地。

其實，說穿了，我們的人生是我們自己的選擇結果。

法蘭西斯的母親三十一歲的時候，因爲長了脊椎瘤導致全身癱瘓，只能整天躺在床上。雖然能夠靠著輪椅行動，但是不論到哪裡，都需要旁人協助。

然而，她並沒有因此對人生懷抱怨懟，也沒有因此對生活絕望，反而積極地參與殘障協會的工作與活動，藉自己微薄的力量幫助更需要幫助的人。

回想起母親年輕時的活潑美麗，法蘭西斯分外覺得老天不公與殘酷。但是，在他的記憶裡，母親卻總是帶著微笑去面對每一天的生活。

法蘭西斯長大以後，在州立監獄裡任職，他的母親主動要求到監獄裡教寫作。法蘭西斯的印象很深刻，每次母親來到監獄裡，都有許多人圍著她，仔細聆聽她所說的每一個字。

她說的話，彷彿總是能夠爲別人帶來力量。

有一回，法蘭西斯看見母親給一位年紀很輕的囚犯寫信，信裡寫道：

親愛的韋蒙：自從接到你的信之後，我便經常想到你。你在信裡提到被關在監牢裡有多麼難受，關於這一點，我深感同情。你說我不能想像也不能理解坐牢的滋味，我想你錯了。

我想對你說，監獄是有許多種的。在我三十一歲時，有一天醒來，人完全癱瘓了。一想到自己從此被囚禁在不能自由行動的軀殼裡，再也不能在草地上奔跑，也不能抱起我的孩子，我的心便難過極了。

有好長一段時間，我躺在那裡，問自己這種生活還值不值得過。因為，我重視的所有東西，似乎都已經失去了。

但是，我後來想到，我還是有選擇自由的權利。我可以決定在看見我的孩子時是哭還是笑，我可以決定是要咒罵上帝，還是請他賜予我信心；我還是有許多決定的權利，可以決定接下來該怎麼過活。

我決定盡可能充實地生活，設法超越身體的缺陷，擴展自己的思想和精神境界。我能選擇為孩子做個好榜樣，也能在感情上和肉體上枯萎死亡。

自由有很多種，韋蒙，我們失去一種，就要尋找另一種。

你可以看著鐵窗，也可以穿過鐵窗往外看，你可以為自己的人生做決定。

就某種程度上說，韋蒙，我們命運相同。

看完信，法蘭西斯已淚眼模糊。直到這時，他才把母親看得更加清楚，也更能體會到母親面對人生的態度。

當闔眼長逝之前，人若能回顧自己有限的生命，必可以發現，漫長的一生其實是每一個抉擇結果堆積而成的。

英國十九世紀知名的社會改革作家塞繆爾．斯邁爾斯說過這樣的一句話，他說：「生活的不幸與失敗，不是他人造成的，而是自己造成的。」

得過且過，不願爲事業耗盡心力，那是我們的選擇；將所有的時間拿來賺錢，暫時先將家人的感受置於一旁，那也是我們的選擇。成爲一名實業家或是一名流浪漢，都是我們自己的選擇。

所以，不要把眼前的絕境歸諸上天或旁人，因爲一切都是自己的選擇，假使我們賴坐在絕境處痛哭不走，即使神明來拉也是拉不動的。

受不了眼前的現況就站起身離開；覺得自己可憐，就想辦法不要讓自己那麼可憐；認爲自己倒楣，就徹底改變自我，轉變運氣。可以做的選擇那麼多，在地上打滾和哭鬧，或是自悲自憐，是其中最沒建設性的幾種。

即使行到絕處，你仍然可以找出一條走出困境的道路。

先處理心情，再處理事情

一個健全的社會人，該是一個能夠處理自我情緒的人。我們想要培育更多健全的社會人，便應該從當個健全的父母開始做起。

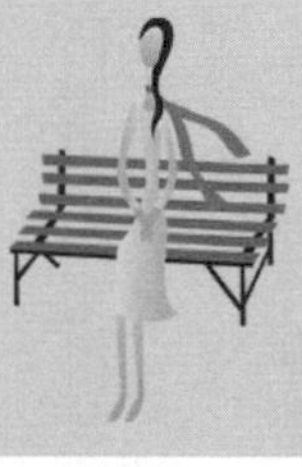

教育子女，自然是父母的天職，也是父母無法規避的責任。

但是，高壓式的威恐，並不能讓孩子眞正心悅誠服，反而會視管教爲洪水猛獸，逐漸與父母疏遠。如果爲人父母者，在發怒之前能夠先冷靜想清楚再開口，就會發現很多話自己會自動刪除，選擇不說。

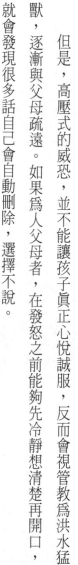

有一天，大衛在後院裡教七歲的凱利如何使用割草機除草，突然室內電話聲響起，不一會兒，妻子跑來要大衛去接聽電話。

就這麼短短幾分鐘，等大衛聽完電話回來，幾乎快要抓狂了。只見凱利一個人將割草機在後院推來推去，所過之處全都一片平坦，包含大衛最珍愛的花圃。

大衛忍不住提高了音量，要兒子不要再推了，快點放過他的花圃。他太過於焦急、生氣、憤怒，以致於沒有發現兒子瑟縮的肩膀以及泫然欲泣的神情。

這時候，妻子走到他的身邊，將手輕放在他的肩膀上：「大衛，別忘了，我們是在養小孩，不是在養花。」

大衛終於冷靜下來，收斂了臉上的怒容，將快要哭出來的兒子抱進懷裡。從兒子顫抖的肩膀，他知道凱利真的嚇壞了，而他不知道自己還來不來得及修復孩子脆弱的心靈。

面對類似的狀況，麥克斯和妻子會有截然不同的處理方式。有天，他們帶著七歲大的女兒外出用餐時，女兒不小心打翻了桌上的水杯。麥克斯夫婦連忙請服務生協助將桌上的一團混亂整理好，過程之中，夫婦都沒有大聲責備女兒，或是給她嚴厲指責的目光，因爲他們知道，女兒已經爲自己不小心犯下的錯誤感到自責了。

後來，麥克斯的夫婦才從女兒口中得知，他們的做法是如何安撫了她的心。她說：「我希望你們知道，我眞的很感謝你們不像別的父母一樣。我大部分朋友的父母在他們不小心犯錯的時候，都會對他們咆哮，並且教訓他們以後要更小心一點。我眞的很謝謝你們沒有那麼做。」

摔破一個茶杯、弄髒一條桌巾，當然是很惱人的事，總是不免會怒極攻心地想大吼，要是孩子再小心一點就好了。但是，一個茶杯、一條桌巾，會比一個孩子重要嗎？

換個角度想，來你家作客的人不小心摔破茶杯、弄髒桌巾，你會這麼暴跳如雷，指著對方的鼻子痛罵嗎？

英國劇作家蕭伯納曾說：「當你叱責小孩之時，在盛怒下掌摑他的臉頰，這種羞恥恐怕他一輩子也忘不掉。因此對不可無情責打小孩。」

孩子是會將父母的每一種樣貌記憶在心底的，即使他們最終能夠明白父母的苦心，但是在驚嚇當時及過後的感受，往往難以磨滅。

人是胎生的動物，而且生下來不能跑，不能跳，不會自己覓食吃東西，需要父母給予更長時期的養育與照顧。先處理心情，再處理事情，父母應該多一點耐心，多一點寬容，孩子才能培養出健全的人格。

一個健全的社會人，該是一個能夠處理自我情緒的人。我們想要培育更多健全的社會人，便應該從當個健全的父母開始做起。

幸福的回饋，來自情感的連結

當我們將一個生命納入自己的羽翼之下，就代表著願意為他的一切負責，他的一切，不論好的、壞的，都和我們產生緊密連結。

現代人正面臨著層出不窮的災難，天災、戰爭、社會案件、能源危機……各式各樣的禍事不斷在我們的生活中出現，摧殘著我們的心靈，心理學家稱這種現象爲「精神性的創傷」。

想對抗這個充滿「精神性的創傷」的世界，人必須設法找回愛人的能力，重新體會什麼是「幸福的感覺」。

法國作家雨果說：「人生無上的幸福，就是確信我們被愛。」

在愛人的時刻，同樣也能得到幸福的回饋，這就是愛的奧妙。

在世界射擊錦標賽的頒獎典禮現場，發生了一個緊急事件：現場沒有人找得到剛剛出爐的冠軍普欽可夫。

這個事件發生的時間非常敏感，因爲近來報章雜誌上層出不窮的恐怖、爆炸、劫持、綁架等字眼，鬧得人心惶惶。許多人開始揣測是不是有什麼因素，導致普欽可夫不能上台領獎。

主辦單位連忙要人立刻廣播，希望普欽可夫立刻出現在領獎台上。廣播喇叭登時開始聲聲播送：「普欽可夫，普欽可夫，請馬上到領獎台前！普欽可夫請立刻上領獎台！」

那麼，普欽可夫到底在哪裡呢？

整個頒獎會場找他找得人仰馬翻的時候，他正安然無恙地在會場外第一個公共電話亭裡，和他的媽媽通電話。

「媽！妳看見了嗎？妳聽見了嗎？我贏了，我贏得冠軍，破了紀錄！」

普欽可夫的媽媽也同樣在電話的另一頭激動地說：「聽見了！聽見了！電視機裡正播著呢！你聽，播報員正在喊你的名字呢，快，快領獎去。」

「我跟妳說，用媽媽的眼睛瞄準，靶心就像就大又圓大清楚的月亮，我可以清清楚楚地透過準星瞄得精準，子彈一飛出去就直達靶心。」普欽可夫興奮得熱血沸騰。

知道普欽可夫過去的秘密，就不難理解他現今開心的模樣。

普欽可夫十歲的時候，他的眼睛曾經因爲罹患黑色腫瘤，被醫生判了死刑。如果不進行眼球摘除術，腫瘤快則三個月、慢則半年就會蔓延全身，危及他的性命。

當時許多醫生都束手無策，普欽可夫的母親帶著年紀小小的兒子四處求醫，只求能夠救兒子一命。

他們最後來到眼科專家巴甫琴科醫師所在的醫院，因爲普欽可夫的母親聽說，巴甫琴科醫師已經成功將眼球移植手術施行在一隻盲犬身上。

普欽可夫的母親見到巴甫琴科醫師以後，立刻請求進行手術，將自己的一個眼球移植給兒子。但是醫生卻不敢貿然進行手術，因爲這項手術目前還沒有足夠的醫療成果可以應用在人體上。

普欽可夫的母親聽完立刻說：「醫生，總得有第一個吃螃蟹的人吧，你幫我把一隻眼睛移植給我的兒子，我和我的兒子就都能夠擁有一個光明的未來。你瞧，平白地就從一個光明的未來變成兩個光明的未來，怎麼看都合算，對吧！醫生，我求求你。」

後來，巴甫琴科醫師終於決定幫普欽可夫進行手術。

可惜，這一次的手術失敗了，但是普欽可夫的母親並沒有放棄，說服醫生進行第二次手術，再次嘗試將自己剩下的唯一眼睛移植給兒子。

總算皇天不負苦心人，第二次的手術成功了，這也是人類史上第一次成功的眼球移植手術。

故事中的普欽可夫，如果沒有母親的犧牲，必定沒有辦法重見光明，也沒有辦法擁有光彩榮耀的人生。因此，相對的，在普欽可夫的心中，份量最重的，自然是他的母親。

當一個女人有了自己的小孩，意味著她從這一刻開始不再是單獨的個體，而會很自然地讓孩子佔據自己的心思、時間與一切。

這是一種自然的母性力量，讓女人變得更爲堅強，從心底湧起一股保護的力量，努力想要讓生命延續下去。

嚴格來說，這種母愛心思不只有女人有，也不只有針對小孩。當我們將一個生命納入自己的羽翼之下，就代表著願意爲他的一切負責，他的一切，不論好的、壞的，都和我們產生緊密連結。

情感是一種相互且相對的流動元素，當我們感受到對方的眞心誠意，便很難無情以對。若執意斷裂這樣的連結，自己所受的傷可能會更加嚴重。

塑造自己的獨特魅力

我們要做的，不是想方設法讓自己變成和某人一樣的人，而是找出自己的特質與特長，塑造出專屬的獨特魅力。

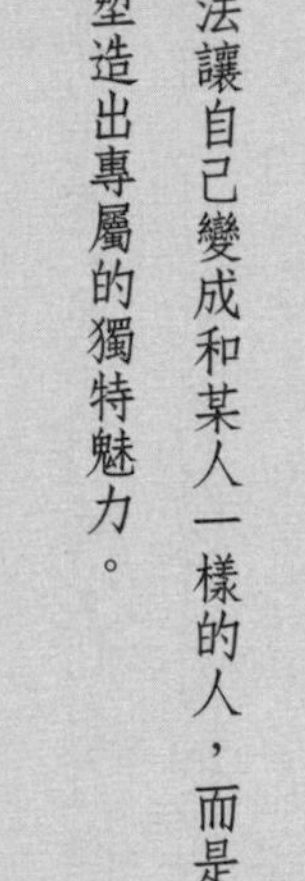

當我們爲家人、朋友的成就感到驕傲時，其實心裡也相對地希望自己能讓對方驕傲。這是人之本性，也是榮譽心的激發，一種相互勉勵的自然動力。

然而，當這股力量偏斜、失衡的時候，原本的動力，很可能就反過來變成一種壓力了。這時候，你該如何面對？

雖然有一個太空人爸爸是一件值得驕傲的事，但是大衛．加佛卻也忍不住想要大喊：身爲一個太空人的兒子，必須肩負好大的壓力。

或許是大衛的父親眞的太過優秀，他在高中時代同時擔任橄欖球隊隊長、班長，還是學報編輯。相對來說，十一歲的大衛感覺上就是個比較平凡的學生，不管是打籃球、踢足球、打棒球，成績都普普通通。

當然，大衛也不是一無長處，事實上他寫得一手好文章，只是從來不曾向人展現自己的才能。他寫詩，也寫短篇小說，可這些文字最後都被藏在他的紅色筆記本裡，放在書桌最底層的抽屜。

大衛很想做些一鳴驚人的事，比方從起火的房子裡救出小孩，或者把搶劫老太太的壞蛋趕走，讓所有的人對他印象改觀，讓爸爸爲他感到驕傲。大衛也夢想自己有一天能夠成爲英雄，像是發明拯救全世界的特效藥等等，但是，他很清楚這些都是白日夢，距離現實太遠。

有一天，上英語課的時候，老師宣布學校將舉辦父親節作文比賽，希望班上能有同學投稿參加。大衛的心躍動了一下，提筆寫字這件事對他來說並不困難，這是他可以做得到的。於是，他決心參加比賽。

放學回家的路上，大衛很快地想好他的題目和打算寫的內容。他捨棄「我父親是太空人」這樣的開頭，因爲很多人知道他的父親是個太空人，但是，在大衛眼中，父親卻不是太空人的模樣。

他決定將自己眼中眞正的父親，一點一點地描繪出來。

在大衛眼中，父親是什麼模樣呢？

他寫道：「我看見的父親是怎樣的呢？我看見他在黑暗中坐在我身旁，當我還是個小孩，做了惡夢的時候；我看見他教我怎麼樣打球；我記得，當我的狗被汽車撞死，他抱著我好幾個小時。他會在我八歲生日的慶生會上，帶來另一隻小狗，使我大吃一驚；他會在我哭的時候，告訴其他的人我只是因爲很嚴重的過敏症才哭；他在祖父過逝時，以最委婉的方式對我說明什麼是『死亡』。對我來說，我的父親不只是個太空人，更是深切愛我的父親。而我，以身爲他的兒子爲榮。」

大衛的文章標題爲〈我父親的兒子〉。

三天後，評審結束，學校在禮堂舉辦了一次公開的發表會與慶祝會，邀請所有的學生與家長一同來參加。同時，得獎的前三名，他們的作品將會在現場被朗讀出來。大衛的作文獲得了第二名，得到了獎金五十美元。校長高聲宣布，大衛走上台，腿在發抖，當他讀著作文時，聲音也在顫抖。

讀完後，聽眾們鼓起掌來。他看見父親擤著鼻涕，母親的臉上滿是淚水。大衛走回自己的座位。

「你也得了過敏症，爸爸。」他試圖開玩笑。

父親點點頭，清清喉嚨，把手搭在他的肩上：「兒子，這是我一生中最驕傲的時刻。」

故事中的大衛，很清楚知道父親的成就讓他以及全家人感到驕傲，能夠和如此偉大的人同爲一家人，是一件與有榮焉的事。但是，大衛卻也因爲父親像是一道巨大且超越不了的高牆，因而感到自卑落寞。

他很希望自己不是一個什麼都比不過父親的人，即使只能成爲一日英雄，對他來說都是一種迫切需要的情緒舒緩。

沒有人喜歡技不如人的感覺，沒有人喜歡輸的感覺，競爭與超越是人類的本能。但是，當競爭對象是自己重視且在乎的人，矛盾將因此產生。所幸，大衛找到一個出口，他利用文字和筆，爲自己成功爭取了一次光榮時刻，也讓他的父親爲他感到驕傲。

卡內基說得精闢，他說：「儘管你處心積慮地模仿別人，亦將一無所得。因為你是一個『新人』，過去的世界上絕沒有一個和你一模一樣的人，即使翻遍所有的歷史，也不可能發現和你完全相同的人。」

我們要做的，不是想方設法讓自己變成和某人一樣的人，而是找出自己的特質與特長，塑造出專屬的獨特魅力。

只要有心，就沒有不可能

深愛一個人，將一個人放在心上，用心去關注，就會不離不棄，心甘情願陪伴到最後。

有句古語說：「夫妻本是同林鳥，大難來時各自飛。」強調人世無常，即使是親密如夫妻，一旦面臨危難，也不免迫於情勢各自分飛。

正因爲如此，那些始終堅持同心的夫婦才會特別被人重視，令人感動。因爲眞情難得，所以彌足珍貴。

災變、危難是誰都不願意面對的，但是，天有不測風雲，災難降臨之際，如果你不願意和對方共同承受那些扎在心頭的刺痛，又如何爲彼此建立一座可以悠遊一輩子的幸福花園呢？

約翰的妻子珍妮罹患了癌症，夫妻同心地一同面對病魔八年，然而，最後，珍妮還是離開了人世。

要照顧生病的妻子，還要照顧七個子女，約翰耗費了極大心力。珍妮病逝之後，約翰整理她的遺物，發現一張小小的紙條，紙條上寫著他的名字。他淚流滿面地看完之後，才知道這張紙條是妻子留給他最後的遺言，也是最後的情書。

紙條上，珍妮以歪斜的字跡，謝謝她的丈夫從不吝惜疼愛、照顧與牽掛，在她病痛的時候給予幫助。

「忍讓我，支持我，總是讚美我。照顧到我的需要，在我需要的時候出現在我的身邊。謝謝你，熱情、幽默、善良、體貼的約翰，你是我最知心的朋友。」

回想八年來的心路歷程，約翰不敢說自己是珍妮紙條中所寫的那樣好的丈夫。有時候，他也會脆弱得不知該如何是好。

可是，他會想，如果自己垮了，不能爲珍妮堅持下去，那麼，珍妮一個人該怎麼辦？

他很慶幸自己努力到了今天，雖然遺憾妻子的離世，但至少不會因爲自己沒盡過心而後悔。

約翰將珍妮給他的紙條隨身帶在身上，當思念愛妻的時刻，就取出來讀一讀、望一望，心情便能夠平靜。

每當朋友問他：「爲什麼你能夠堅持這麼久？爲什麼你能夠做得到？」約翰都會摸摸胸前口袋裡的紙條，靜靜地回答說：「只要你愛得夠深刻，你就能夠做得到。」

故事中的約翰說出一個重點，「只要愛得夠深刻，就能夠做得到。」人與人之間的維繫，其實就在一個「心」字而已。

有心，很多不可能都將化爲可能。

深愛一個人，將一個人放在心上，用心去關注，就會不離不棄，心甘情願陪伴到最後。因爲在乎、因爲感動、因爲心疼、因爲不捨，許許多多動人的平凡故事就此被印記下來。

歌德曾斬釘截鐵地說：「愛是真正使人復甦的動力。」

確實如此，當我們有心、有愛，就能從心升起源源不絕的力量，再怎麼艱難辛苦的處境，都能滿懷信心地走過。

看重自己，就沒有人可以小看你

一個看重自己的人，必然會蓄積足以為他人看重的能量；一旦這些能量發散出來，那份光彩必將換來應得的尊重。

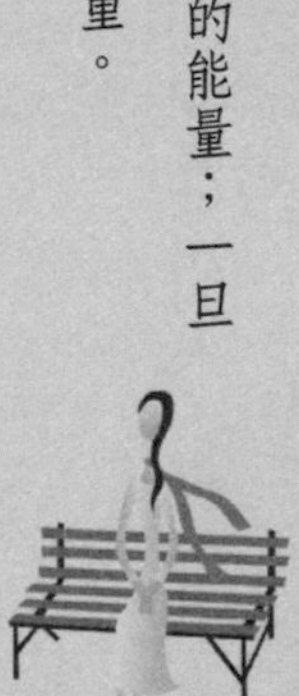

不管是任何一個企業或任何一個單位，領頭決策者自然極爲重要，但是，每一個環節裡的每一個小螺絲釘，也都是一樣重要。

試想，一部只有引擎、沒有車輪的汽車，如何開動？有了車輪卻無運轉順暢的軸承，車輪也無法依引擎的功率跑動。甚至，只要少了幾個螺絲釘，就可能導致汽車在高速行駛下發生意外。

詹姆斯的兒子正在和鄰居的小孩們說話，他們在談父親們的工作。

有的人說：「我爸爸是公司經理。」

有的人說：「我爸爸是議員。」

問著問著，問到詹姆斯的兒子鮑伯。鮑伯有點不自在，吶吶地說：「他是一個和工作奮鬥的人。」

相較於其他小孩的父親們位居津要，詹姆斯的工作顯得低微許多，他是一名工廠的作業員，也就是一般所謂的藍領階級。

小孩們的對話被詹姆斯的妻子聽見了，當孩子們被各自的母親叫回家吃飯時，詹姆斯的妻子也把鮑伯叫進廚房。

她對兒子說：「鮑伯，你說你父親只是一個與工作奮鬥的人，這一點，你沒有說錯。但是，我希望你了解，這並不是一件讓人丟臉的事。如果沒有你爸爸辛苦工作、賺錢養家，我們也不能過這麼平穩的生活。」

鮑伯點點頭表示自己明白，於是詹姆斯的妻子繼續說了下去，她說：「每一個工作場所裡，只有大老闆、只有高級官員、只有高級幕僚，是不行的。不管是商店、賣場、工廠，沒有人去執行繁重的基層工作的話，是沒有辦法讓每一個單位順利運轉的。一棟房子要蓋得漂亮、住起來舒適，只有建築設計師是做不到的，還得有技術高明的木工、泥水匠相互配合才能完成。所以，最偉大的工作者，不是位居上位的人，而是底下盡力付出完成自己任務的每一位員工。這一點，你要記得。你的父親一向認眞盡責於自己的工作，我們應該要爲他感到自豪、驕傲。」

詹姆斯這時正好走進廚房裡，聽到妻子說的話，感動萬分。兒子鮑伯見他回家，飛也似地撲到他身上說：「爸爸，我知道，你是最偉大的工作者。」

每個企業、每家公司裡的成員都一樣重要。執行長很重要，銷售經理很重要，工廠廠長很重要，財務部門很重要，難道工廠裡的作業員就不重要嗎？

一個運作順暢的團隊裡，是不會有多餘的人存在的。因爲有每一份子在每一個環節裡發揮最大的功能，才能共同創造出高產能。故事裡，詹姆斯的妻子要兒子明白的，就是這個道理。

《智慧書》的作者葛拉西安曾經如此寫道：「不是每個人都能擔任國王。但不論你所處的階層或條件，你的言行舉止應當與王者看齊；無論做什麼，你都應當具有王者風範，要有崇高的行動和心靈。」

這番話提醒我們創造自己的價值，看重自己的價值，當我們深深確信自己是個有價值的人，我們就能夠展現出更高的價值。

不要爲了眼前的工作或職位自卑，只要你看重自己，就沒有人可以小看你。

一個看重自己的人，必然會蓄積足以讓他人看重的能量；一旦這些能量發散出來，那份光彩必將換來應得的尊重。

適時傾聽，會讓心靈安寧

在危急的時刻，假使我們沒有能力扮演英雄角色，那麼，至少讓我們成為一股安心的力量吧。傾聽和陪伴往往就是使心靈得到安寧的特效藥。

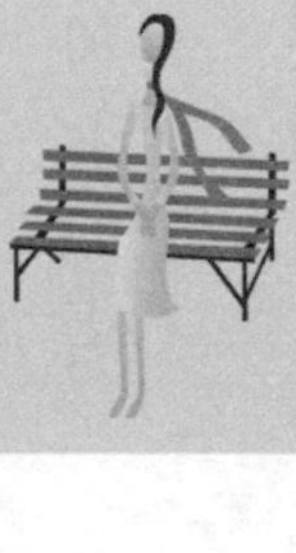

危機或災難發生的時候，每個人都需要一些關心和幫助。適時的關心和幫助，可以讓人保持冷靜，度過眼前難關。

遇到突發狀況，人一旦失去信心，有了害怕的念頭，原本可以做得到、做得好的事，將會失去不少效果，甚至往較糟的方向偏去。

這種時候，有人會選擇向親朋好友求助，求助不是因爲不知道該怎麼處理，而是因爲需要有人陪伴。

艾曼達在夜裡十一點突然接到女兒莫拉的電話。莫拉在外地上大學，平時很少回家，但是每個禮拜一定會打電話回家跟媽媽報平安。不過，她不曾在這麼晚的時間打電話。

莫拉開口就說：「媽媽，和我同寢室的朋友剛剛差點自殺，她拿了一大瓶安眠藥想吞藥自盡，幸好我們及時把藥搶了下來。我們現在全都不敢睡覺，每個人輪流陪她。她以前就有自殺未遂的前例。」

從莫拉顫抖的聲音裡，艾曼達知道自己的女兒正在害怕，然而，她遠在天邊，艾曼達也不知該怎麼做才能幫得上忙。

艾曼達逼自己以最溫和的態度和聲音說話，只希望不要再增加女兒的壓力。她說：「妳們請求醫生幫忙了嗎？」

莫拉回答：「還沒有，她現在已經穩定下來。她說不想張揚這件事。」

艾曼達可以理解孩子們心裡在想些什麼，不過還是希望能有大人在她們身邊幫忙。於是，她對莫拉說：「聽著，妳們還沒有辦法自己處理這樣的事，妳的朋友需要專業人士的幫忙。所以，妳應該先把事情跟舍監說明清楚，她會知道該怎麼辦的。」

莫拉沉默了好一陣子，而後才又開口說：「媽，我好害怕。」

艾曼達聽得既心疼又心焦，連忙回話說：「寶貝，我也害怕，我希望我能在妳們身邊陪妳。」

艾曼達不斷地傾聽女兒的聲音，不時地對她給予支持與鼓勵，她對著女兒說，也對著女兒的朋友說。

在這個時刻裡，她不會去問孩子學習的進度和學校生活的狀況，也不去要求孩子得用功學業，她知道，現在孩子需要的不是這些，只是想要有人可以說說話。

直到莫拉的心情鎮定下來，艾曼達心中的大石也才安放下來，她知道遠在異鄉的女兒已經能夠處理好接下來的事了。

心一旦慌亂，很多事情都會跟著亂了步調。發生意外事故之時，要是每一個人都心浮氣躁、慌亂不安，事情可能產生的變數便會隨之波動起來。

這時候，我們需要的只是一股安心的力量，讓我們知道自己不是孤獨一人，知道援軍就快來到，如此就不會怯步不敢向前。

而這股力量，可能只是一句話、一個擁抱。

日本有這麼一句諺語：「溫柔的一句話，便可以溫暖一個冬天。」就算親朋好友不能時時刻刻陪伴身邊，在需要慰撫的時候，一句關心的言語就可以激起無窮力量。只要張開口說一句好話，就能夠幫助別人，爲什麼不做？

在危急的時刻，假使我們沒有能力扮演英雄角色，那麼，至少讓我們成爲一股安心的力量吧。讓彼此相信事情一定會好轉，一定會往良善的方向變化，而後，我們的心就能靜下來，不再慌亂焦慮，也就能夠好好想想，接下來該怎麼辦、該怎麼做。

對方意亂心慌的時候，別急著說個不停，而要慢慢地聽。別忘了，傾聽和陪伴往往就是使心靈得到安寧的特效藥。

4.

放鬆心情，才能激發潛能

在湖裡泛舟，越是快速搖槳，
越是容易打滑，反而變成在原地打轉。
如果放輕槳上的力道，
切水而入、撥水而行，便能夠順利地前進。

與其強迫，不如順水推舟

北風和太陽都能讓人將外套脫下，但太陽的方法顯得高明了許多，以讓人不心生抗拒的態度處世，所受到的阻礙與反抗將會是最小的。

想要讓別人依著自己的想法做事，是一件不容易的事。

每個人都有決定自己想要做什麼的權利，而每個人也都堅信自己有這樣的權利。所以，當我們被要求、被脅迫、被威逼，就會心生反抗。

這就好像用力拍擠一顆皮球，皮球要不就是會反彈跳起，要不就是會被壓扁，變得不再是皮球。

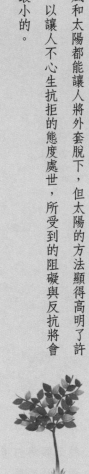

據說，有一個軍隊的將領，一直爲自己的軍隊同袍感到爲難，原因是兵士們雖然戰功彪炳，但是衛生習慣奇差無比，每一個都用袖子來擦鼻涕，看起來非常噁心，而且有礙軍容。

更糟糕的是，不只一般士兵這麼做，連身爲中校、上校等領導階層的軍官也都這麼做。因此，即使將軍明文告誡，要求士兵不可以再用袖子擦鼻涕，違者就要處罰，還是一點效果也沒有。

後來，將軍想了一個辦法，他命衛兵買來許多手帕，發給各階層的將領。但是，第二天將軍還是看見大家用袖子擦鼻涕，這下可把他氣壞了。

他將所有將領叫到跟前來，厲聲責問他們手帕到哪裡去了，結果，有人說掉了，有人說沒帶，就是沒一個人把手帕放在身上。火大的將軍氣得吹鬍子瞪眼睛，最後，要他們全都把軍服上衣給脫了下來，然後出去。

軍官們一個個面面相覷，不知道將軍這次發火會有什麼後果。該不會革他們的職吧？只能垂頭喪氣、提心吊膽地回到自己的崗位。

第二天早上，將軍又將軍官們全部叫來，沒說什麼就把軍服發還給他們。軍官們全都喜出望外，急忙將軍服穿上，很高興將軍沒有將他們全部撤職。

剛巧，一名軍官不小心打了個噴嚏，很自然習慣性地抬起手來就要用袖子擦鼻涕，這一擦把他擦得哇哇大叫。

原來，將軍命人將他們的軍服袖子上縫上一排金釦子，要是他們又想用袖子擦鼻涕，就會被釦子刮得傷痕纍纍。

漸漸地，軍官們改掉了用袖子擦鼻涕的壞習慣。

外人不明所以，見軍官們筆挺的軍服上縫上一排金釦，非常好看，便紛紛跟著模仿。現在，在袖子上縫上袖釦，已經變成一種時尚了。

想要別人幫我們摘取樹上的果子，最好的方法就是幫他架好梯子，然後設法讓他覺得爬上梯、摘下果是他自己的決定，是他自己想要這麼做。如此，他不但會感謝你幫忙架梯，還會將你想要的果子與你分享。

故事裡的將軍，試了各種方法都沒能讓將領們改去用袖子擦鼻涕的惡習，後來他選擇賜予好看的金釦，一方面象徵榮譽，一方面也讓他們無法再輕鬆地以袖子擦鼻涕，可說是兩全齊美。

如此一來，子弟兵們必定也學著縫上袖釦，很快地也能將惡習改正，這才是眞正風行草偃的治理之道。

北風和太陽都能讓人將外套脫下，但太陽的方法顯得高明了許多。同樣的，想滿足自己的某些需求，與其強迫，倒不如順水推舟，以讓人不心生抗拒的態度處世，所受到的阻礙與反抗將會是最小的。

靈活競爭才能出奇制勝

學習並不等於模仿，在學習的過程中加入個人的領悟，配合自身的特長，才能將別人的成功經驗內化成自己的眞正實力。

前人的經驗，無論成功或失敗，都可以給我們許多啓示，讓我們得以避開危險、困難，依著安全的策略地圖前進。

然而，許多被前人標示爲絕境之處，並不一定眞的毫無生機，無法超越，而是還沒找到最恰當的方法。

有些困難，乍看之下似乎難以克服，但並不是完全無法突破。假使可以想出辦法，通常就能夠達到出奇制勝的效果。

一八〇〇年，拿破崙第二次攻打義大利，這一次，他決定不再依循一七九六年進軍義大利的南線道路，而是選擇另一條捷徑。

這條捷徑必須穿越義大利邊境的天險——阿爾卑斯山，唯一的路口是義大利與瑞士之間的小聖伯納德山口，向來以艱困難行著稱，對於行軍的隊伍來說，更是難上加難。

但是，拿破崙卻認為，自己覺得困難的路徑，敵人也必然會如此想，相對的也會放鬆戒備。因此，他決意實踐自己的名言：「任何一條小徑，只要山羊能過，軍隊也能過。」暗中派遣先鋒部隊朝阿爾卑斯山山徑進發。

果然，奧國軍隊統帥梅拉斯並沒有料到拿破崙會做出如此決定，反而將兵力分散在亞歷山大里亞等西南地區，若是法軍選擇南線道路，雙方勢必有一場激戰。不料，排除萬難行軍山隘的法軍，以出乎梅拉斯想像的速度進擊了米蘭，且成功斷絕了奧軍的補給和退路。

拿破崙果然如願在馬倫哥戰役之中，徹底擊潰奧軍。

後來，一八〇五年，拿破崙揮兵進軍奧國，也同樣捨棄一七九七年的波河河谷路線，改走多瑙河河谷。

奧軍主力查理公爵率領九萬五千精兵在波河河谷，卻苦等不到拿破崙軍隊的蹤影，年輕又經驗不足的費迪南公爵則無法抵擋拿破崙行動速捷的大軍，法軍又輕鬆地贏得了勝利。

有很多媒介可以告訴我們成功的案例，也有很多管道可以讓我們了解致勝的秘訣，然而，手握兵書眞的能讓人百戰百勝嗎？

其實不然。若是只會紙上談兵，而不知道依實際的狀況運籌帷幄，空有幾百種戰術，恐怕一項也派不上用場，一種也沒有效果。

拿破崙之所以成功，並不在於他的兵法學得比別人精妙，而在於他懂得變通，懂得反其道而行，最重要的是，他懂得冒險。他懂得在別人不得不放棄的地方多努力一點，支撐久一些，一旦越過了心理上的障礙，人自然會產生更多自信，做起事來也更具戰無不勝的氣勢。

不按牌理出牌，出其不意、攻其不備，自然比別人更容易佔得先機。

我們當然可以大肆地仿效他人成功的作爲，但是學習並不等於模仿，學習是掌握精髓，模仿只是畫虎類犬。在學習的過程中加入個人的領悟，配合自身的特長，才能將別人的成功經驗內化成自己的眞正實力。

山繆·史曼斯說得直接：「不敢形成自己的意見、觀點的人必定是一個懦夫；沒有自己的觀點、意見的人必定是個懶漢；不能形成自己觀點、意見的人則必定是個笨蛋。」

一個人想要成功，絕不能只是依樣畫葫蘆，而是要設法將別人的經驗轉化成自己的養分，並且不斷尋求突破的方法，才能使自己的人生道路暢通。

沒有勝算，就設法拉長戰線

成功，並不意味著不顧一切代價地蠻幹，而是衡量自身的能力，對外在的挑戰進行有效抗爭。

作家賀伯曾經勉勵我們：「雖然你無法改變自己的處境，但是你卻可以改變自己的心境。」

人生總有無可奈何的時刻，當你沒有能力改變自己的處境時，唯一可以改變的就是你的心境。

有一句話說：「留得青山在，不怕沒柴燒。」當正面衝突沒有勝算的時候，避開鋒頭可能會是比較好的方法。

有些人背脊剛硬，事事不肯屈服，很容易讓對手產生除之而後快的敵意。背脊骨一旦被打斷，人也活不久，動不了了。

這種時候，不妨轉換念頭：只要能比對手活得久，就能得到另一種成功。

在惡政統治時期，埃格爾先生的家門口來了一名特務。特務手上持有一份文件，表示這座城的新任統治者賦予他權力，只要他的腳踏進哪一棟房子，那棟住宅就合法歸他所有；凡是他要什麼食物，那樣食物就得屬於他；他需要哪個人幫手，那個人就得聽他使喚。

就這樣，那名特務成功地進駐到埃格爾先生的家裡，埃格爾先生不僅必須爲他準備食物，提供他換洗衣物，還要服侍他睡下。

那名特務在入睡之前問埃格爾：「你願意服侍我嗎？」

埃格爾沒有說話，只是幫他蓋上被子、趕走蒼蠅，在他房門口守衛。

這樣的日子，埃格爾過了七年，七年裡，他一句話也不說。

七年後，成天吃飽睡、睡飽吃的特務，醒來後除了發號施令以外什麼都不做，不只成了一個大胖子，最後還因病一命嗚呼。

就在那一天，埃格爾先生將那個胖死在床上的特務以被子包裹，丟出屋外，然後將整棟屋裡的上上下下全都刷洗乾淨，連牆壁都重新粉刷過一遍。

就在一切全都整理完畢之後，他坐在沙發上，輕輕嘆了一口氣，而後堅定地說：「不，我不願意。」

在時勢所逼的情況下，沒有本事逞英雄的人，暫時忍氣吞聲、忍辱負重，是爲自己留下活路的可行方法。

就好像故事裡的埃格爾先生，他選擇忍下一切的怒氣，只求讓自己保有一線生機，雖然身體被奴役，但至少精神是自由的。當那名特務命亡，他就得以重新得回他自己的一切。

我們不知道生命裡的難關會在何時出現，也不知道會是什麼樣的難關讓我們難過且痛苦，但是，有一件事是確實知道的，那就是撐過了眼前的難關，就能夠緩解身體與心靈的壓力，獲得喘息的空間。

美國激勵作家威廉．丹佛曾說：「有勇氣的人並不是沒有恐懼，關鍵在於他戰勝了恐懼，用積極的生活去挑戰恐懼。」

成功，並不意味著不顧一切代價地蠻幹，而是衡量自身的能力，對外在的挑戰進行有效抗爭。

贏的人，經常是支撐得最久的人。

沒有勝算，就別正面衝突，不如以時間換取空間，拉長戰線，拖垮敵人戰力，最後便能擁抱成功。

改掉錯誤，再次步上坦途

一個人若能夠盡力去彌補曾經犯下的過錯與造成的損傷，這種善意的念頭便值得給予鼓勵。

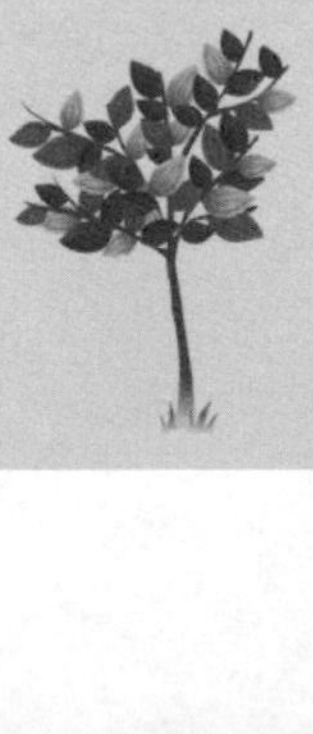

孔子說：「知錯能改，善莫大焉。」不管以往犯了什麼錯，一個人若能夠盡力去彌補曾經犯下的過錯與造成的損傷，這種善意的念頭便值得給予鼓勵。

世界上沒有不犯錯的人，重點在於犯錯之後是否勇於面對錯誤，是否願意改變心境，讓自己重新開始。

哈利犯了一個錯，這個錯誤讓他感到非常後悔。

他是一名稅務員，身爲稅務員最大的要求就是公正不阿，品格良善。但是，半年前，哈利收完各地的稅款款項，途經一個汽車展銷會，看中了一款心儀已久的跑車。銷售員鼓吹說，只要能夠現場預付頭期款現金，就能夠馬上把車開走；否則，這一款大受歡迎的車，很快就可能銷售一空。

哈利很猶豫，因爲他手頭上的現金不夠，但是，不論怎麼說，銷售員都不肯幫他把訂單保留到下個禮拜二。最後，哈利咬著牙、狠下心，決定先暫時借用剛剛收來的稅款，等一下到波特蘭市再將他自己的債券變現，放回稅款的保險箱裡。可是，就在哈利開著新車飛奔前往波特蘭市時，車子意外打滑，結果出了嚴重車禍。哈利不只受重傷被送進醫院，挪用公款的事情也因此爆發了，出院後還得接受六個月的牢獄生活才能回家。

他的父親痛心地說：「兒子，你眞是糊塗啊。」

哈利只能低著頭悔恨地說：「是的，爸爸，我知道。」

當他終於回到家，躺在自己的床上，心底卻沒有踏實的感覺。因爲，他不知道自己該如何面對這個鎮上的所有人，他不知道大家是不是能夠接受一個已滿心懺悔的罪犯，他害怕被別人排斥。

就這樣，哈利整天都躲在家裡，哪裡也不去，既不去找工作，也不肯出門買東西，家無疑像是另一個無形的監獄，將他牢牢關著。幾個星期後，哈利的父親對他說：「孩子，你有什麼打算嗎？我們並不是在催你，這裡永遠都是你的家，但是……」

哈利知道父親接下來想說些什麼，於是他收起手上的報紙說：「正好，波特蘭有人想找伐木工，我準備明天就去應徵。」

哈利在鎮外找了一份不用調查個人資料的工作，每天在人煙罕至的森林裡砍伐木頭。雖然工作辛苦，薪水微薄，但是他感受到一股自由。

然而，時間久了，他還是會想家。一天，揣著懷裡剛領到的薪水，他搭上公車回到自己的家鄉，走進麥克唐納的雜貨店裡，想要用自己親手賺的錢買禮物送給家人，讓他們安心，也讓自己安心。

他帶著忐忑的心情來到麥克唐納的櫃台：「你好，麥克唐納先生，我需要幾件白色襯衫和幾雙襪子。」

麥克唐納二話不說，便拿了哈利要的尺寸的衣物出來，而後哈利又買了幾樣東西給父親和母親。他的手一直插在口袋裡，緊緊握住一卷鈔票，隨時準備好要拿出來付帳。

挑選完畢後，哈利說：「就這些了，一共多少錢？」他覺得自己的手心已在發汗，努力讓自己的聲音不要發抖。

麥克唐納看了他一眼，然後打開桌上的記帳簿，翻到寫有哈利名字的那一頁，邊寫邊說：「一共是二十二美元五十美分。」

接過麥克唐納替他包好的東西，哈利露出釋懷的笑容。現在，他知道，自己是眞正回到家了。

哈利雖然離開了監獄，但他卻沒有離開自己心底的牢籠，甚至在牢籠之外還要加上層層圍籬，藉此自我封閉。

這種做法，或許讓他可以不用立刻去面對衆人的目光，但卻也讓有心援助他

的人，不得其門而入。

他面對的是存在心上的枷鎖，除了他自己，別人是拿不下來的。所以，他決

定離開家庭保護，離開自己依賴的環境，離開過往智慧和聰明的背景，重新找尋

人生的出路。

唯有勇敢面對過往的錯誤，未來的人生才可能是一片坦途。他在以自己理解

的方式重新開始，即使沒人要求他，但是他不肯因此輕易地放過自己。

當覺得自己的努力告一段落以後，他便想測試一下努力的成果。麥克唐納先

生以行動表示了對哈利的信任，這個舉動，無疑爲哈利打了一劑強心針，使他更

有勇氣重新去面對外界的眼光。

工作態度決定你的價值

無論置身的環境如何困頓，無論眼前的工作多麼繁重，只要願意調整自己得心境，學會改變工作態度，我們就會是有貢獻、有價值的人。

什麼樣的人才是偉大的？什麼樣的人才值得尊敬？

有一句廣告詞說：「認真的女人最美麗。」這話讓人認同，其實，不管男人女人，當一個人盡心盡力地去完成自己手上的工作時，所散發出來的氛圍，都會讓人覺得充滿魅力。

艾爾比的年紀大了，走起路來行動顯得緩慢、沉重，但這並不代表他是個等死的老傢伙。嚴格來說，艾爾比工作得比誰都來得賣力，也比誰都熱愛自己的工作。

艾爾比平時以幫人打零工維生，舉凡修理棚架、在冬日裡幫忙管理夏季小屋、釘木窗等等，他都能慢條斯理地完成，而且追求完美。

有一回，艾爾比受顧在村子的路口幫忙蓋一個小垃圾棚架。棚架得分成三個小間隔，每個間隔內放置一個垃圾筒。只見艾爾比就像一位雕刻家一樣，優雅地使用工具，雙手撫過木料，就好像在與木頭溝通。

等到艾爾比將棚架做好時，許多人都讚嘆木工的精美與確實。每一塊木頭都緊密接合，沒有奇怪的突出。每一根釘子都牢牢地固定，沒有不小心打歪的釘眼刺人。棚架的開關處，十分地好開好關，不會有難聽的咿啞聲，也不會有關不上的問題。

最後，艾爾比為棚架均勻上了一層綠色的漆，等漆色變乾，工作就大功告成了。

所有的人都認爲已經很完美了，但第二天，艾爾巴又帶著工具前來，在已經陰乾的棚架表面，再均勻地噴上一層漆，使得漆色更飽滿好看。

這就是艾爾比的做事方式，一點一滴盡全力做到好，絕不隨便馬虎。

艾爾比的收入並不高，生活也不算富裕，但是他從不缺工作，也不曾爲工作而辛勞煩悶，總是依著自己的速度與進度進行。

識貨的人多半都會來找艾爾比，因爲他們知道，只要是出自他手中的木工、家具，必定都是實實在在、牢牢靠靠的。

我們在這一生中追求財富和享受，以自身的勞力和智慧去換取，但我們究竟是在付出與獲得的過程中，創造了自我的價值？還是只換得口袋裡的鈔票，或是存摺裡的數字？

故事裡的艾爾比，沒有令人欣羨垂涎的財富與名利或榮華富貴，但是他那自由自在的生活哲學，以及執著於自己的每一項工作，如同完成藝術品一般的態度，卻如此令人嘆服。

換一個角度來想，艾爾比又何嘗不是最自由的人呢？他不爲金錢所奴役，也不爲工作控制，認爲自己該做什麼就去做，依靠自己的力量去生活。

那些爲了事業與金錢汲汲營營，過勞且耗費心力的人，恐怕還要反過來羨慕艾爾比的生活呢。

美國教育家耶爾．哈法德曾經如此強調：「不計報酬地工作，往往可以從工作中得到更多超乎預料的報酬。」

那份報酬或許就是意指我們能夠眞正體會到，自己絕不是一個無能的人，從勞動筋骨和絞盡腦汁的過程中，證明了自己是個有能力創造的人。

無論置身的環境如何困頓，無論眼前的工作多麼繁重，只要願意調整自己得心境，學會改變工作態度，我們就會是有貢獻、有價值的人。

放鬆心情，才能激發潛能

在湖裡泛舟，越是快速搖槳，越是容易打滑，反而變成在原地打轉。如果放輕槳上的力道，切水而入、撥水而行，便能夠順利地前進。

有些時候，我們會爲了解決問題而傷透腦筋，鑽進了牛角尖，怎麼想也想不透；在壓力的影響之下，越想越不明白，越想越參透不了。

此時，如果能夠改變心情，讓緊繃的思緒適度放鬆，說不定反而能夠有突如其來的靈感，甚或是不可思議的能量相助。

美國賓州大學的希爾普雷西特教授，是著名的楔形文字破譯者。然而，他剛開始探索楔形文字的符號邏輯和演變過程，事實上是困難重重的。他曾經連續好幾個晚上睡不著覺，只為了想要找出問題的答案。

在他的個人傳記裡，曾經提到自己當時的經驗。

有一回，苦思到了半夜，他實在覺得全身累極了，不得已只好上床睡覺。他不確定自己究竟是在什麼時候睡著的，在朦朦朧朧、半睡半醒之間，他做了一個非常奇怪的夢。

在夢裡，一個年約四十來歲、十分瘦高的人，身上穿著像是古代尼泊爾僧侶的袈裟，帶著他走進一間天窗開得很低的小房間。房間裡有一個很大的木箱子，地上有些散置的瑪瑙與琉璃碎片，看起來像是一座藏寶庫。

而後，那名僧侶開口說話：「你在論文第二十二頁和二十六頁提到有關刻有文字的指環，事實上那並不是指環。克里加路斯王（西元前一三〇〇年左右）曾經送了一些瑪瑙、琉璃製品給貝魯寺院，其中有一項就是上頭刻有文字的瑪瑙奉獻筒。後來，寺院突然接到一道命令，要求僧侶們在一定的時間內交出一對獻給尼布神像的瑪瑙耳環。由於時間太緊迫，寺院裡又沒有足夠的材料，僧侶們只好將瑪瑙奉獻筒一切爲三，其中兩段製成神像的耳環。你以爲是指環的瑪瑙碎片，是其中的一部分。如果你把那些碎片拼合在一起，就知道我所說的事實不假。」

僧侶說完話後便消失了，希爾普雷希特也立刻清醒了過來。爲了避免自己很快地遺忘，便一五一十地將夢裡僧侶所說的話全部轉述給妻子聽。

第二天早上，他到古物遺蹟的現場去察看那些碎片，果然，夢裡那名僧侶所說的全都是眞的。

有一種經驗，相信很多人都曾經有過：想快卻偏偏快不了，越是在意執著，越容易把事情搞砸。

凡此種種，都因爲壓力過高造成的副作用。這時候，若能夠緩下心情、按部就班，反而能讓事情如期順利完成。

就好像在湖裡泛舟，越是快速搖槳，越是容易打滑，反而變成在原地打轉。

如果放輕槳上的力道，切水而入、撥水而行，便能夠順利地前進。

焦慮無法解決問題，把自己逼得太緊，只是徒增壓力罷了。

遇到百思不得其解的問題，何妨放鬆心情，讓潛意識幫你解決？就好像故事中的希爾普雷希特教授，或許他遇上了神蹟靈異，但也或許他其實已經在解決問題的門前，只是不得其門而入，而他的夢境正是潛意識適時地給予的引導。

美國宗教家諾曼．文生．皮爾如此說道：「當你感到緊張，可能的話，去度個假吧！將你的手錶暫時拋開，在生活中尋找建立和平的小島，並學會儲存一些能夠放鬆自己的能量。」

當你爲事情做了萬全準備，卻總差臨門一腳；抑或是，你明明練習了又練習，努力了又努力，卻總是不能成功，你可能如皮爾所說的——太緊張了。

想要破除這種緊張，唯有放鬆。放鬆心情，給自己更包容的空間，你才有機會看見內在的潛能。

相信的力量，能激發無限能量

印度聖雄甘地曾說道：「我們的信念是不停燃燒的燈火。這不僅僅帶給我們光明，也照亮周圍。」相信的力量，能導引出無限龐大的能量。

擔憂、恐懼、焦慮……等等負面情緒正困擾著每個現代人，如果不設法克服，人就會罹患更多精神疾病。

那麼，要如何清除這些負面情緒，活得幸福快樂呢？

暢銷勵志作家M．J．萊恩在《幸福改造計劃》中提供的答案是：學習積極正面思考，激發自己的潛能。

人的潛能是相當龐大的，有時候只要一點信念支撐就能夠繼續堅持下去。就好像在茫茫大海中，只要有一根浮木攀抓，就可以激發旺盛的鬥志，增加被營救的機會。這就是信心和信念的力量，這就是相信的力量。

巴里、麥克斯、約翰、吉姆四個人，受探險家馬克格夫聘僱當腳夫，一起進入非洲叢林探險。

行前，馬克格夫答應要給他們一筆極爲豐厚的工資，他們很高興地答應了。

馬克格夫要他們四個人一起扛著一個極爲沉重的箱子，沿途不管路況如何艱難、天候如何糟糕，都要以箱子爲重。他們私下猜測，箱子裡面一定裝有極爲珍貴的寶物，否則馬克格夫不會這麼重視。

可是，很不幸的，在半路上，馬克格夫染上瘧疾，就此長眠在叢林之中。

臨終前，他對巴里等四人交代說：「我要你們向我保證一步也不離開這個箱子。如果順利平安把箱子送到我的朋友麥克唐納教授手中，你們將會得到比金子還要貴重的東西。只要能夠做到我的請求，你們一定可以得到。」

等到四個人都答應了，馬克格夫才闔眼閉目。

四人將馬克格夫埋葬在叢林裡之後，便扛著箱子上路了。

但是，茂密陰暗的叢林裡，道路越來越難走，有時候連路也沒有，他們只覺得肩上的箱子越來越沉重，氣力也越來越小了。

叢林裡，不時可以看見許多遇難的探險家屍骨，但林子裡雜木叢生，林中小徑錯綜複雜，要是行差步錯，說不準他們也會迷失在這個叢林裡，化爲一堆白骨。

他們彼此支撐著對方，因爲他們知道，一旦四個人中任何一個倒下，其他人勢必無法將這個沉重的箱子扛出叢林。在最艱難的時刻，他們不忘相互鼓勵，只要能夠順利將箱子帶出叢林，就能夠得到比金子還要珍貴的東西。

終於有一天，眼前的綠色林木不見了，這意味著他們走出了叢林。四個人精神大爲振奮，連忙找到麥克唐納教授，向他索取應得的報酬。

教授聽完說明之後，兩手一攤：「我不懂馬克格夫在說些什麼，大家都知道我是個窮教授，家裡什麼都沒有啊。或許，箱子裡面有些什麼寶貝吧。」

教授承諾要是箱子裡有什麼寶物，願意與他們四個人一同分享。沒想到，一打開箱子，在場的人全都傻了眼。

裡面根本就沒有金銀財寶，而是一段段的實心木頭。

約翰率先大吼：「這是在開什麼鬼玩笑？」

吉姆也忍不住大聲抱怨：「就是啊，這些木頭根本屁錢都不值，我們被那個傢伙騙了！」

「哪有什麼比金子還貴重的報酬？那個該死的傢伙，我早就覺得他有神經病！」麥克斯同樣發出憤怒的咆哮。

麥克唐納教授面對三個人的怒氣，一時之間不知所措，但他也想像不出好友馬克格夫這麼做的原因。這時，久久一聲不吭的巴里說話了。

他說：「好了，你們別吵了，我們確實得到了比金子還貴重的東西，就是我們的性命。」

如果不是那個箱子支撐著他們求生的意志，他們四個人恐怕早就倒下了。

曾經看過一則短篇小說，故事裡描述一個孩子罹患重病，被告知即將不久於人世，因此意志變得消沉，治療也顯得效果不彰。而後，醫生對小孩說：「是的，你的病情很嚴重，等到窗外的葉子掉光，你就的生命也會結束。」

於是，小孩每天醒來都會先注意窗外在葉子的狀況，只要葉子還沒掉光，他就安心地度過這一天。雖然秋天來了，葉子漸漸掉落，但總還有最後一片葉子停留在樹枝上，維繫住小孩的信心。漸漸地，孩子在醫師的治療下逐漸康復。

後來，他才發現，原來最後的那片葉子是假的，是畫上去的。

不過是一片葉子，竟有如此大的力量。

印度聖雄甘地終其一生都在致力貫徹他的信念，而且力行不殆，他的成功，是舉世共睹的。他曾說道：「我們的信念是不停燃燒的燈火。這不僅僅帶給我們光明，也照亮周圍。」

相信的力量，能導引出無限龐大的能量。就像故事中的馬克格夫自己雖然永遠出不了叢林，但卻有辦法讓幫助他的四名腳夫順利離開，就是藉由一個沉重的箱子，給予他們求生與希望的意念，激發出無窮的潛能。

互相幫助才能往前進步

每個人的成功都不是孤獨的成就，是許多人合力付出堆積起來的成果。就是因為相互信任、相互幫助，人類社會才能不斷往前進。

美國思想家愛默生曾經說：「一個人抱持怎樣心態，他就是怎樣的人；一個人表現出怎樣行為，他也就是怎樣的人。」

對週遭環境所採取的態度，正是一個人最好的推薦信，如果你想使事情順利地朝自己期望的方向發展，那麼對週遭的人，就要抱持著互相幫助的態度。

如果我們能成功，絕對不是單靠自己一個人的力量，在我們的身後，必定有許許多多的力量支持著。

這世間必然有英雄，但是，英雄的存在與成就，並非單憑一人。

二次大戰時，美軍曾經進駐一個名叫安姆爾的小村莊，但是隨著戰況演變，這個村莊被德軍重重包圍。

那時是冬天，一連下了幾天的大雪，遍地一片白茫茫。想不到，雪停了之後，美軍的部隊反而變得動彈不得。因爲在一片銀白的雪地上，身著淺綠色制服的士兵無疑像彈靶一樣顯著。

美軍指揮官約翰召集了所有的參謀人員舉行緊急會議，會中有人建議以白色的床單作爲掩護。約翰也覺得這是一個不錯的辦法，可是一時之間哪裡找來那麼多的床單，給六百名士兵進行掩護僞裝呢？

他們和安姆爾村的村長連繫，希望能夠請村長幫忙募集，盡可能地收集白色床單。約翰信誓旦旦地承諾：「用完以後很快就會歸還。」

由於安姆爾村曾經多次受到德軍的侵占，村長二話不說便同意幫約翰這個忙，希望美軍能夠成功阻止德軍的行動。不到半個小時，村內教堂的走廊上就堆了約莫兩百條的白色床單。

約翰立刻命人將床單分發給士兵，不過，他很快就發現自己失算了。因爲士兵們一拿到床單，有的撕成方巾、有的裁成細條，有的挖洞套成斗篷，總之，在僞裝行動之後，幾乎沒有一條床單是完好如初的。

經過黎明的突襲，美軍成功阻撓德軍的進勢，可是約翰立刻接到命令將軍隊移調他處。

不到半年，戰爭便宣告結束，約翰從此解甲歸田。至於那些借來的床單，早已隨著軍隊的遷移而遺落四方了。

約翰原本以爲再也不會聽到安姆爾村這個地名，借床單的記憶也變得縹緲遙遠。不料幾年後，他竟從波士頓的報紙上瞧見了記者前往二次大戰戰地做的特別報導。其中，記者訪問了安姆爾村的村民。

小村莊在戰後已恢復了原貌，雖然物資缺乏，但居民們多半安好。有一位村民打趣地對記者說：「如果那個跟我們借床單的美國人能夠把床單還我們就好了，他答應用完就要還的。」

約翰讀完報導，去信報社坦承自己就是報導中言而無信的人，並表示，如果可以的話，他會想辦法還村民兩百條白色床單的。

約翰的信在報上發表以後，不到兩週內，報社收到一條又一條的白床單，還有許多小額支票。許許多多的人在知道了約翰和安姆爾村的故事後，都忍不住慷慨解囊。

隔年冬天，約翰再次來到安姆爾村，帶著他的諾言前來，而村民們也一如當時熱情借床單的情況，聚集在一起接受他歸還的床單。

一個科學家發明了造福人群的器械，他的成功不是他一個人的。如果沒有人幫他將各種生活瑣事照顧妥當，他就不能全心全力地投入發明。

一個醫學家發現了治療嚴重疾病的治療方法，他的成功不是他一個人的。如果沒有團隊裡的其他人員同心協力，如果沒有接受他治療的病人相互配合，他不可能如願開發新療法。

一個優秀的政治家，沒有供他服務的民衆，沒有信賴他的支持者和追隨者，又如何能看得出他的優秀？

每個人的成功都不是孤獨的成就，是許多人合力付出堆積起來的成果。

德國哲學家尼采曾經說：「你助人，然後人助你。這是鄰里之間互愛的原則。」

人與人之間，就是因爲相互信任、相互幫助，人類社會才能不斷往前進步，發展至今日的繁榮社會。

幼稚與天真不等於愚蠢

雙親是一個重要的職業，最安全且安心的做法，是把孩子當成朋友、夥伴來對待，父母親就能和孩子相互學習，一起成長。

金凱瑞曾在一部電影中飾演一名顛倒黑白的知名律師，經常放兒子鴿子、說話不算話。結果，他的兒子在生日的時候許願，希望父親永遠不能說謊，而這個願望成真了。

多少的謊言才會讓一個小孩決定不再相信自己的爸爸？是多少的忽略讓小孩決定自力救濟？這部喜劇背後的意涵，值得成人細細思量。

安德魯三歲的兒子勒克，已經能夠清楚判斷眞實與虛幻。

有一天，電視上播出了美國總統約翰．甘迺迪的生平紀錄片，螢幕上剛好是甘迺迪年輕時在海上駕駛帆船的畫面。這時，坐在安德魯大腿上的勒克仰頭問爸爸：「爸爸，那個人是誰？」

安德魯回答：「約翰．甘迺迪，以前的美國總統。」

勒克又問：「他現在在哪裡？」

安德魯漫不經心地說：「他死了。」

沒想到勒克顯得非常激動，很快地抗議：「他沒死，你看，他不是還在比賽帆船嗎？」

安德魯對兒子的反應感到有趣，只好耐著性子解釋，但是勒克始終目不轉睛地盯著他看，彷彿想要從他的表情中判斷這些話是眞的還是假的。

勒克狐疑地問：「他眞的死了？他的一切都死了嗎？」

勒克一臉正經的模樣，讓安德魯忍不住想要發笑，但是他還是裝出嚴肅的表情說：「是的。」

勒克把注意力放回電視螢幕前，沒多久就又回過頭來問：「那他的腳死了嗎？」這下安德魯可忍不住了，哈哈大笑起來。

從此之後，勒克開始留心生死這個問題，每次父子兩人到樹林裡散步時，勒克會特別去留意樹林裡死去的小昆蟲、小動物，而安德魯也藉著這個機會對兒子進行生命教育。

安德魯對兒子說：「大部分的人認爲，人在身體死亡以後，還有一個部分仍然活著，那就是靈魂。雖然我們的眼睛看不見，但是我們的心感受得到，這種情況稱之爲『懷念』。」

儘管安德魯認爲對一個三歲小孩來說，這樣的話題可能太深奧了，但勒克卻聽得津津有味。

一年半以後，勒克的曾祖母過逝了。在守靈夜，曾祖母家裡來了許多賓客，都是前來緬懷她的親友。安德魯牽著勒克的手，也來到曾祖母的棺木前，見曾祖母最後一面。

勒克盯著曾祖母的遺體一會兒，然後輕聲地說：「爸爸，那個人不是老奶奶，老奶奶根本不在裡面。」

安德魯問：「那她在哪兒呢？」

勒克很自然地回答：「她在別的地方和人說話呢！」

安德魯蹲下來看著兒子，說：「爲什麼你這麼認爲？」

勒克嚴肅地說：「我不是認爲，我是知道。」父子兩人相視一陣，而後勒克又說：「爸爸，這就是懷念嗎？」

安德魯欣慰地摸摸兒子的頭，輕聲說道：「是的，這就是懷念。」

有些人不太知道要怎麼和小孩子相處，要不就是避而遠之，要不就是努力裝幼稚、裝白癡，好讓自己去理解小孩在想什麼、說什麼。

可是，小孩子其實也有自尊的，他們雖然年紀小，思緒還不成熟，但絕不是笨蛋，也不喜歡被當成笨蛋對待。他們或許天眞，什麼都會相信，可這並不表示他們喜歡被人欺騙。

前述故事中，安德魯雖然總忍不住讓兒子勒克的天眞童語給逗笑，但很可貴的是，他能夠以平等的態度來和兒子溝通。沒有蓄意做假與欺瞞，也沒有無禮的輕蔑與不屑，所以，他的兒子勒克能夠自發思考，學習處理生活裡的種種人生課程。

蕭伯納曾經直言不諱地說：「雙親是一個重要的職業。但是，從來沒有人為孩子進行這個職業的適性調查。」

孩子不能選擇自己的父母，爲人父母者，也不一定受過良好的職業訓練。因此，最安全且安心的做法，是把孩子當成朋友、夥伴來對待，父母親就能和孩子相互學習，一起成長。

5.

充滿希望才能改變現況

唯有滿懷希望的雙眼，
才看得見充滿希望的事物；
唯有抱持積極樂觀的態度，
才能將危機轉化為轉機。

設法讓自己的生命發光

海倫凱勒曾說：「只管面向陽光，那你就看不到黑影。」德國哲學家尼采更說：「知道為何而活，就知道怎樣熬下去。」

人生在世，一定要記住一個原則，那就是要經常想到自己已有的東西，而別老是想自己沒有的東西。一個人如果能充分地運用他所擁有的，那他一定能活得很好……

珍惜所有，朝著目標勇往前進，盡力拼鬥，生命就能發光、發亮。

下面這個故事中，安琪爾的生命就像是一首美好的詩，一首激人奮進的交響詩。她的奮鬥證實了，永不絕望的自強是人生大樹之根，是提高生命品質的堅強支柱。

一九九〇年三月的一個晚上，美國賓夕法尼亞州曼斯菲爾德的演出大廳裡，一名二十三歲的女子安琪爾，以優美動人的姿勢完成了艱難、驚險的走鋼絲表演，她是世界上唯一用假腿來完成這項高難度雜技動作的人。

從她亮麗的演出中，大家絕對看不出她是個因罹患癌症、動過四次手術並已截去了右腿的人。

一九八七年八月，安琪爾進行右踝的檢查後，醫生發現了一種少見的癌細胞。她只得接受了手術，右腿膝蓋以下全部被迫截肢。

站在這突如其來的厄運面前，她沒有失望退縮，在手術四個月後，她便以義肢成功地進行了走鋼絲的試驗。

但接下來，不幸又接踵而至，她被診斷出癌細胞轉移至肺部，於是先後將左、右肺各切除了一半。

第二年，不屈服於命運之神的安琪爾又同丈夫一起練起了走鋼絲；經過幾百小時的苦練，她又能單獨進行走鋼絲表演了。

恢復走鋼絲七個月後，她又被診斷爲癌症擴散，已無法醫治。醫生估計安琪爾應該承受不住這個沉重的打擊，可是安琪爾卻心靜如水：「沒關係，我不想再請醫生爲我做什麼了，讓我回家去吧。只要我還活著，總能做些有益的事。」

她丈夫的一席話，也頗令人動容：「也許不久她將眞的告別人世，但她已讓我們做好了準備，我想她是永生的。她給予、再給予，奮鬥、奮鬥、再奮鬥，這就是她的性格，她的美德。」

盧梭曾經寫道：「如果一個人打從心底就懼怕痛苦、懼怕困難、懼怕不測的事情，永遠也成就不了什麼大事。」

這句話告訴我們，假如一個人在內心充滿著「辦不到」、「不可能」……等等消極、負面的想法，那麼，最後就眞的會辦不到那些不可能的事情。

究竟是什麼力量支持著安琪爾，讓她即使身受病魔糾纏，也不願意放棄走鋼絲表演？

她帶著病殘之軀，始終頑強地站於雜技舞台上，也許就是因爲她對自己的生命永遠不肯放棄、不肯絕望，她始終堅持著：「只要我活著，即使大部分器官被切除了，我還要讓生命發出一點亮光。」

就是那抹生命之光，照亮了她被黑暗病魔籠罩的人生旅途，或許短暫，但卻能走得極有意義。

海倫凱勒曾說：「只管面向陽光，那你就看不到黑影。」

德國哲學家尼采更曾這麼說：「知道為何而活，就知道怎樣熬下去。」

走鋼絲表演，就是安琪爾爲自己找的生活目標、生命之光。

苦難，是給我們活動的機會

讓自己過點有難度的生活，可以幫助我們保持警覺與敏感度，適當的勞動更可以維持身體的活力和健康。

現今我們生存的這個世界，其實還是如同狄更斯筆下所描寫的一般：「這是最好的時代，也是最壞的時代；這是智慧的時代，也是愚蠢的時代；這是光明的季節，也是黑暗的季節；這是充滿希望的春天，也是使人絕望的冬天。」

我們希望活得快活，卻老是爲生活所苦；我們感嘆過去的苦難，同樣也爲未來茫然，但是我們仍然努力讓現在活得更好。

早在一九二五年，美國科學家麥開就做了一個有趣的實驗，他將一群剛斷奶的幼鼠分成兩組，一組享受「最惠國待遇」，給予充足的食物，使牠們飽食終日；另一組則遭受「歧視待遇」，只提供一半的食物，吃不飽的要自己想辦法。

但沒想到，結果竟大大出人意料，第一組的飽老鼠活不到千日，也就是未到中年就英年早逝，而第二組餓老鼠則享盡高年才壽終正寢，而且始終皮毛光滑，行動敏捷。更耐人尋味的是，比較起來，第二組老鼠的免疫功能乃至性功能，都比第一組老鼠略高一籌。

後繼的科學家觸類旁通，將實驗範圍擴大到細菌、蒼蠅、魚……等生物，同樣發現了驚人相似的實驗結果。這個現象說明了，動物終其一生所能消耗的能量有一個固定的限額，一旦限額用完，就意味著生命永久停止。吃得多，限額就完成得早；吃得少，魂歸地府的時間也就慢些。

《傳道書》第七章第十四節：「遇亨通的日子，你當喜樂；遭患難的日子，你當思考。」

人類也屬於動物之一，當然也逃不過這個自然法則，生活中有些苦難，比一生順遂無憂，來得有趣多了。

換句話說，讓自己過點有難度的生活，可以幫助我們保持警覺與敏感度，適當的勞動更可以維持身體的活力和健康。

我們當然不需要逼自己去過苦日子，只不過對於享受和物欲我們應該有所節制，也不要整日偷懶不肯動。

畢竟，人活著就要動，老是可以坐就抵死不站，可以躺著就絕對不坐，那麼最後也許很快就會不需要坐或站，直接躺進棺材裡，永遠不動了。

英國諷刺作家蒲柏在《批評論》裡寫道：「有病的人眼中一切都是病態，黃疸病患者眼裡一切都泛著黃色。」

人生，一定要快活，至於要怎麼活，就看你怎麼決定了。

充滿希望才能改變現況

唯有滿懷希望的雙眼，才看得見充滿希望的事物；唯有抱持積極樂觀的態度，才能將危機轉化為轉機。

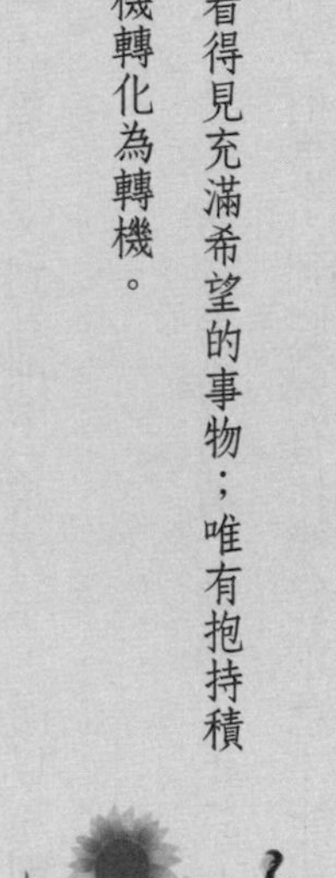

漢代名著《淮南子》一書中提到：「欲致魚者先通水，欲致鳥者先樹木。水積而魚聚，木茂而鳥集。」這番話說的就是「對症下藥」，強調要從問題的癥結點切入。

兵書上說得好，想得到勝利，既要知己知彼，也要出其不意。

行銷也是如此，強迫式的推銷只能引來反感，反而得不到效果，最好的方法，就是直接引起顧客的注意。

在土耳其有一個很有趣的例子。

一處土耳其的著名觀光地區裡，有一條熱鬧的街市，街上有幾十家土耳其手工藝品小店。因為整條街賣的東西都差不多，價格也不相上下，所以這些小店之間競爭十分激烈。

他們的推銷手法多半很傳統，要不就是站在門口吆喝，要不就是派年輕人到街上拉客。

在一個比較不顯眼的角落，也開了一家店。因為地理位置比較吃虧，再加上只有一對老夫婦照顧，他們唯一的孫子又到外地去讀書了，所以和別家店競爭起來非常吃力，幾乎門可羅雀。

暑假到了，孫子由外地回來，看到店裡冷冷清清的情形，不禁心想：「老師曾經教過，要有創意才容易成功，但是，到底要有什麼好創意才能和其他店家競爭呢？」他用手肘頂著玻璃櫃，支著頭苦苦思索，終於想到辦法。

接連兩天都沒在店裡看到孫子，爺爺奶奶心裡不免嘀咕：「不好好幫忙看店，不知道跑到哪兒去野了！」

後來，孫子總算回來了，還帶了大包小包的東西，兩個老人家看了半天也摸不著頭緒，不知道孫子究竟在打什麼主意。

就在當天下午，有一群日本人到這條街上選購手工藝品，忽然，他們聽到了一陣很優美的日本音樂，忍不住向前找尋音樂是由哪兒發出來的。

於是，一群遊客走進了老夫婦的店。

原來，老夫婦的孫子跑到市區的唱片行，選購了許多不同國家的音樂錄音帶放在店裡，一旦有外國遊客走過來，就開始放他們國家的音樂。當然，有時分不清楚是哪國人，還得跑出去先問一問才行。

這個點子高不高明，從老夫婦店裡人聲鼎沸的盛況和兩老笑得合不攏嘴的模樣就看得出來啦！

有創意就能創造商機，挖空心思從別人想不到的地方下手，就能收到出奇制勝的效果。

正如《淮南子》中所說的一樣，老夫婦的孫子先為客戶營造了環境與氣氛，自然可以達到「水積魚聚，木茂鳥集」的目的。

此外，他還進一步掌握了顧客「人不親土親」的思鄉心理，投其所好，當然就成功地引起顧客的興趣；既然整條街市賣的東西都差不多，願意走進哪一家店影響可就大了。

音樂的感染力本來就很強，小孫子的這個策略果然奏了效，這的確是一種成功的銷售。

創意本身並沒有固定的模式和形象，想要成為一個有創造力的人，首先就要先排除自己心中的障礙，如果一味擔心自己的點子沒有辦法成功，害怕自己的想法受到別人取笑，因此畏畏縮縮，什麼都不敢做，怎麼會有改變現況的可能呢？

唯有滿懷希望的雙眼，才看得見充滿希望的事物；唯有抱持積極樂觀的態度，才可能將危機轉化為轉機；唯有大膽而充滿創意的行動，才能讓成功露出曙光。

想做好生意，先掌握顧客心理

成功地掌握了顧客享受「ＶＩＰ尊榮」的心理，這樣的想法便可以讓顧客因此心甘情願地拿出大把鈔票。

「你是特別的」、「你是獨一無二」……這樣的想法，能夠產生一種令人著迷的心靈能量，特別容易讓人失去理智。

如果你是商人，那麼你必定要好好善用這樣的能量，才能讓自己大發利市，有什麼就賣什麼，還賣得轟轟烈烈。

但如果你是客人，口袋裡預算又有限，那麼你就要好好地鍛鍊自己的意志力，別輕易地遭到迷惑，掉入生意人的陷阱裡了。

龐大的庫存壓力往往是經營者頭痛的問題，如果不能適時將庫存清出，很快地整體營運都將受到影響。

俄羅斯的某一家百貨公司就遇到了這個麻煩狀況。

炎炎夏日已經來到，可是冬天沒賣完的法蘭絨襯衫還積了一大倉庫，眼看每季結算的日子已到，但本季末的銷售計劃還無法完成，想來就讓店經理的心著急得像熱鍋上的螞蟻一樣。

就在店經理心如火燒一樣的時候，羨慕地看到對街水果店大排長龍的人潮。他好奇地走過去看看究竟是什麼東西吸引了這麼多人的注意。

原來，這些人是在排隊買香蕉，只聽見水果店的店員大叫：「每個人只能買一公斤！」現場每個人都焦急地等著隊伍向前移動，彷彿擔心自己買不到似的。

店經理觀察了一陣子，突然心生一計。他立即回到辦公室擬了一張廣告，標示一個所謂特惠的價格，並嚴厲吩咐售貨員：「未經我批字許可，一個人只准買一件！」

不到五分鐘，就有一個顧客走進經理辦公室：「經理，我有一大家子人，你能不能多賣我幾件……」

「很抱歉，我實在無能爲力。」店經理面似無奈地搖搖頭。

那名顧客見交涉未果，正轉身要走時，店經理開口了，他說：「好吧，就賣給你三件吧，不能再多了。」

剛剛送了這位喜出望外的顧客出門，一個男人闖進辦公室就大聲嚷道：「你們根據什麼，限量出售襯衫？」

「根據實際情況！」店經理毫無表情地回答。

聽完了男人的說法，店經理說：「不然這樣，我破例給您兩件吧。」

消息一傳十，十傳百，頓時百貨公司裡擠滿了人，大家都想買到襯衫，有一個年輕人竟在一個小時內幾進幾出，因此買到了大批襯衫。

店員已經因爲突如其來的人潮而應接不暇，百貨公司門口竟然排起了長長的隊伍，連趕來維持秩序的警察，都優先買了一件襯衫。

下午，店經理又想出一個新花招：出售襯衫搭手帕；顧客雖然怨氣衝天，仍爭相購買。到了傍晚，所有積壓的襯衫被搶購一空，店經理的臉上終於露出了一抹誰也不易覺察的笑容。

這是一個「逆向操作」的最佳實例。

經濟學裡面最基本的供需原則：「有人想買，有人賣」，就完成交易。但是，當大家不想買的時候，賣方該怎麼因應呢？

這名店經理要了一個「讓你買不到」的詭計，果然成功地引起買家的興趣，製造出「奇貨可居」的心理效應，引來瘋狂搶購的風潮。

這就是成功行銷的效果，這名店經理更成功地掌握了顧客享受「VIP尊榮」的心理，「別人只能買一件，是因爲我特別通融，你才能多買幾件」，這樣的想法便讓顧客因此心甘情願地拿出大把鈔票，買回一大堆得等好幾個月才有機會穿的法蘭絨襯衫。

為別人的心開一扇窗

愛自己，也愛別人，當我們以善對人，別人就會以善來回應，那麼，我們就能把善的力量源源不絕地傳遞下去。

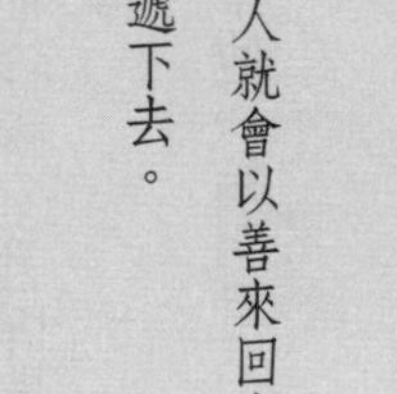

所謂的善，不只是自己行善，更要勸人止惡；我們除了積極要求自己做好事，更應勇敢挺身而出，勸阻別人不要做壞事。

有一位禪師住在山中茅屋修行。一天晚上，乘著皎潔的月光，他喜悅地走回住處，卻眼見到自己的茅屋遭小偷光顧。

那個找不到任何財物的小偷正打算要離開的時候，不料，在門口遇見了禪師。原來，禪師怕驚動了小偷，一直站在門口等待，他早知道這個小偷一定找不到任何值錢的東西，早就把自己的外衣脫掉拿在手上。

禪師說：「你走老遠的山路來探望我，總不能讓你空手而回呀！夜涼了，你帶著這件衣服走吧！」說著，就把衣服披在小偷身上。

小偷聽了有點不知所措，連忙低著頭溜走了。

禪師看著小偷的背影穿過明亮的月光，消失在山林之中，不禁感慨地說：「可憐的人呀！但願我能送一輪明月給他。」

禪師目送小偷走了以後，便回到茅屋裡赤身打坐，他看著窗外的明月，漸漸進入聖境。第二天，在陽光溫暖的撫觸下，他從禪室裡睜開眼睛，看到他披在小偷身上的外衣被整齊地疊好，放在大門口。

禪師非常高興，喃喃地說：「我終於送了他一輪明月！」

對於禪師來說，寶貴的是他悟得正道的心靈，其餘的身外之物對他並不重要，所以即使遭小偷光顧也無關要緊。

然而，小偷卻是以偷盜維生，偷不到財物，總不免心生懊惱，所以禪師將自己的外衣交給小偷，希望彼此皆大歡喜。

渡化衆生是禪師修行的終極目標，他只希望能爲小偷晦暗的心開一扇天窗，讓明亮的月亮能照入他的心中，那麼世界將減少一個惡人，也減少其他人遭受竊盜的損失。

美國舞蹈家鄧肯說：「想要把世界變成更美好的居住地方，就是去愛，像基督的愛，像佛家的愛。」

愛自己，也愛別人，當我們以善對人，別人就會以善來回應，那麼，我們就能把善的力量源源不絕地傳遞下去。

在心中繪製未來的願景

明朝燦爛花開，就是今日落葉積存的養分；燈枯榮盡並不一定是絕境，只是另一段添油加火的開始。

撰寫《神曲》的義大利神學家但丁說：「在生活中沒有信仰的人，猶如一個沒有羅盤的水手，在浩瀚的大海裡隨波逐流。」

《先知》的作者紀伯倫則說：「信仰是心中的綠洲。」

這些話都告訴我們，在心中繪製美好的願景，就如同信仰一般，能夠引領著我們不斷地前進。

南山下有一座廟，廟前有一株古榕樹。一日清晨，一小和尚來灑掃庭院，見古榕樹下落葉滿地，不禁憂從心來，望樹興嘆。小和尚憂鬱至極，便丟下掃帚，到師父的堂前求見。

師父聞聲開門，見徒弟愁容滿面，以爲發生了什麼事，急忙詢問：「徒兒，大清早爲了什麼事如此憂愁？」

小和尚滿臉疑惑地訴說心裡的憂慮：「師父，你日夜勸導我們勤於修身悟道，但是，即使我學得再好，人總難免有死亡的一天。到那時候，所謂的我、所謂的道，不都如這秋天的落葉、冬天的枯枝，隨著一捧黃土而被掩沒了嗎？」

老和尚聽後，指著古榕樹對小和尚說：「徒兒，不必爲此憂慮。其實，秋天的落葉和冬天的枯枝，在秋風颳得最急的時候，在冬雪落得最密的時候，都悄悄地爬回了樹上，孕育成了春天的花，夏天的葉。」

「那我怎麼沒有看見呢？」

「那是因爲你心中無景，所以看不到花開。」

眼前的荒蕪不過是暫時，只要我們曾經努力耕耘過，就無須憂慮哀愁，古人不是提醒我們「落紅不是無情物，化作春泥更護花」嗎？明朝燦爛花開，就是今日落葉積存的養分；燈枯榮盡並不一定是絕境，只是另一段添油加火的開始。

安琪拉．渥茲妮可曾經說：「在每個嶄新的日子裡，我把過去放下，來發現新的開始。」

倘若我們不在心裡清出一塊位置，那麼，就很難再裝進新的東西，至於那些被清出的舊東西並不是全然消失，而是轉化成生命的養分，等待下一次心靈知識的融合。

堅定我們的信仰，我們所做的一切，並不會因爲時空環境的變化而消失，而是會以另一種形式出現。萬事萬物生生滅滅，其實不過是另一種輪迴，即使形體消滅，精神也永遠存在。

不為外物迷惘就能圓融無礙

明白萬事萬物不過單純與本真，便不再為外物所迷惘。世界萬物皆可以相互交替和相互融合。

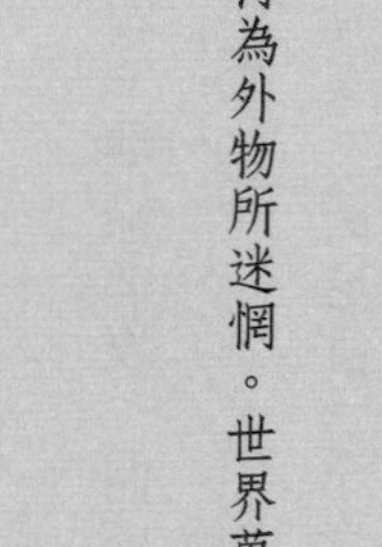

要如何面對眼前的事物，其實並沒有標準答案，因爲這牽涉一個人的性格、處事態度與應變能力。不過，如果你想比別人擁有更多機會，那麼，就一定得具備正面的心態，努力提昇自己的境界。

當我們突破了內心的迷障，眼前的所有攻擊、阻礙都不足爲懼，因爲我們早已視破這些際遇的假象，所以就算強勁的對手來到眼前，也能看清他們的舉動，提前動作。

讀書或學習，貴在提昇自己看到世事萬物的境界，修行到了深處，當心中自有眞理的時候，行爲也就不會受到外物牽絆了。

高橋泥舟、勝第舟、山岡鐵舟是日本幕府末期齊名的「三槍手」，各要得一手好槍。其中，泥舟在年輕時，曾拜處靜院的住持爲師。

第一次與住持見面談話時，高橋泥舟沒幾句話就自顧自地誇耀起自己的槍術如何高明。

住持默默地聽完他的自誇之言，然後笑笑說：「老衲對於槍術也多少有些心得，我倆較量較量如何？」

泥舟立即跳到庭院當中，操起一根晾衣竿準備進攻，而住持手裡只捏著一雙筷子。但是，當泥舟用力刺過去時，住持輕鬆出筷一夾，便阻住攻勢。

泥舟一連刺了數次，始終未能損住持分毫，倒是自己汗流浹背，最後以認輸告終。

泥舟不甘心地問住持使槍的心得是什麼，住持只是輕描淡寫地說：「沒有什麼絕技，眞要說的話，它可謂『山高水深，山閒風靜』，或者是『眼横鼻直』，或者說『柳綠花紅』也可。」

這是一則禪意深遠的故事，也說明了禪宗裡蘊涵著深奧的哲學，強調自明與頓悟。

中國唐代禪師青原惟信說過一段話：「老僧三十年前未參禪時，見山是山，見水是水。及至後來，親見知識，有個入處，見山不是山，見水不是水。而今得個休歇處，依前見山只是山，見水只是水。」

這一段話裡包含了三層意涵：一是「山是山，水是水」，代表禪師在習禪之前的見解；二是「山不是山，水不是水」，說明深入了解之後，對事有所領會，視野變開闊；而第三是「山只是山，水只是水」，則是開悟之後，明白萬事萬物不過單純與本眞，便不再爲外物所迷惘。

惟信禪師所獲的禪悟中，山本是眞山，水本是眞水，也就是說世界萬物皆如其本然；而且世事萬物的道理是相通的，可以相互交替和相互融合的，正如故事中所說「柳綠花紅」、「眼橫鼻直」般，那樣地自然圓融無礙。

泥舟未曾修行，以自己的能力自恃，然而對他來說槍只是槍，是有形之物，和自己有著極大的區隔，但是對住持來說，槍卻不只是槍，而是可與自我合而爲一的。

常言道，武術的至高境界乃是心中無武，槍術的招式與槍本身都不再重要，心靈也能變得空明，不受干擾與萬物合一。這就是住持的修爲與對禪學的開悟，所謂「安禪何必須山水，滅卻心頭火自涼」就是這個道理，不爲外物迷惘，人生就可以過得圓融無礙。

價值來自於自我的認知

能站上最高點的人總是少數，大多數的我們只能排在他們身後；
但這並不代表我們之間就必定只能有雲與泥的差別。

在這個世界上的絕大多數人，已經很習慣以價值來評斷事情的重要性，換言之，如果一件事不被眾人視爲有價值，那麼就沒有人願意去做，而去做的人卻會被認爲是笨蛋、是傻子。

但是，眞的是如此嗎？對自己沒有價值的事情就沒有存在的必要嗎？

雲山寺門前有一片荒地，什麼都不長，就那樣年復一年地荒蕪著。

雙目失明的心明大師剃度之後，在別人誦讀經書、渴望做方丈時，卻拿著鋤頭一路墾荒，一鋤一鋤地在那片荒地上整地、播種。日復一日，他一有空就到荒地上忙碌，那些耳聰目明的人總認爲他有「病」，何必做這些對他自己一點好處都沒有的事。

然而，就在別人的譏笑中，心明大師撒播的花種發芽了，長高了莖，翠綠了葉。一夜春風吹拂，花蕾全部綻放開來，當早起的和尚們步出寺門看到這一切，在美麗的花朵面前，全都驚呆了。

只有心明大師很平靜，他是一名瞎子，無論多麼美麗的花，他都無法看見；他之所以把那片荒地變成花海，只是證明了一件事：即使在一個瞎子面前，世間也沒有荒蕪之地。

但在心明大師之前，卻沒有誰把這塊荒地當成一回事，沒有誰會想到它可以有什麼用，更不相信它有朝一日會成爲一片風景。

我們已經被寵壞了，我們習慣接受別人的付出，卻常常吝於付出一絲一毫。就如同我們喜歡親近大自然的美好，呼吸自然所製造再生的新鮮空氣，但我們卻往往帶頭去破壞自然。

這不是很吊詭嗎？爲什麼我們可以奢望自己坐享其成呢？

幸好，世界上還有很多人，不單單只會以自己的角度思考，不只會爲自己設想，他們不在乎名利的價值，不在乎自己是否受益，只是一步一步盡著自己的本分。

看過武俠小說的人一定知道，有時候名聲叫得響噹噹的不一定是眞正的高手，可能三兩招就會敗在一個拿掃把掃地的糟老頭子手上。至於那些看起來微不足道的人，也可能是一個一個認眞生活的人，他們不會好高騖遠，不求光鮮亮麗，卻自有風華。

穆罕默德說：「一個人的真正財富，是他在這個世界上所做的善事。」

現在的我們終會成爲歷史的一部分，我們當然可以選擇登上高峰，放眼天下，可是能站上最高點的人總是少數，大多數的我們只能排在他們身後；但這並不代表我們之間就必定只能有雲與泥的差別，別忘了，沿途的小徑荒地也值得耕耘。

正如柯立芝說：「我的榮譽，並非由他人之見，而是由我自己的心所構成。」我們自我的價值也將存在我們的心中，而我們所做的一切也終會照亮我們自己。

6.

別讓悲劇絆住自己的腳步

別讓悲劇絆住了我們前進的腳步，
留在悲慘情緒的黑暗洞窟裡，
只會讓我們任憑痛苦折磨，
直至全身無力，哀嚎而終。

幸福，來自內心的認知

當我們來到生命抉擇的人生路口時，只需憑著自己的本心行事就可以了，只有我們認自己是幸福的，才能得到幸福。

什麼樣的際遇才能稱爲幸福？

這個問題，恐怕「如人飲水，冷暖自知」吧！

世俗的觀念，一般人的看法，雖然是一種普遍性的答案，但應該不代表所有人都是如此吧？就好像星座學，其實只是一種統計下的「普遍性」資料，可以供作參考，可以看出趨向，卻不能蓋棺論定地說在某某星座下的人都肯定是如此、一定會這樣。

試問，每一天、每一時出生的嬰孩何其多，又怎麼可能每一個都是相同個性、本質與命運？如果每一個人都死板板地照著那些資料活，也不一定能夠活出一模一樣的人生。

ＤＮＡ排列最爲相近的雙胞胎，都不可能會擁有一模一樣的人生了，更何況不同父母所生，不同環境培養的人呢？再說，跟著別人的樣板而活，又有什麼意思呢？

以下的小故事，將告訴我們幸福其實有著不同的面向。

她是一位事業成功的女性，身爲一名傑出的律師，接連打贏了好幾場難度極高的官司，不只受到矚目，事業更是如日中天。結婚了以後，丈夫相當支持她的工作與專業，而她也極力在事業與家庭之間尋求平衡。

有了孩子之後，照顧家庭的責任自然而然地瓜分了她在工作上的專注，因此她的事業腳步慢了下來，但是，她認爲親情是無法以其他事物交換的，因此表現得無怨無悔。

然而，命運總是弄人的，她的兒子在三歲那年罹患了一種怪病，眼看著愛子飽受病魔的折磨，她毅然決然地離開職場，專心爲兒子四處求醫。但是，訪遍各大名醫，得到的結果都不樂觀，只能祈求奇蹟。

許多人勸她生死有命，還不如專心律師的工作，賺取更多的金錢，至少更有生活保障。但是，她深信，沒有人可以像她那般深愛她的孩子、照顧她的孩子，她說：「我兒子需要的不是錢，而是母親的愛與陪伴，既然是我把他帶到人間，我就該爲他的一生負責。」

她知道，光只有錢，是不夠的。

於是，一名叱吒風雲的女律師變成一個專心照顧孩子的母親；在原本一分爲二的角色中，她選擇了自我成全，代價是將一切外在榮耀的光環拱手讓人，但她自始至終沒有一絲懊悔。

她陪著兒子一起渡過生命的難關，一起掙得了醫學的奇蹟，她的兒子不只存活了下來，而且成爲一位獨立自主的醫科學生。他立志要成爲一位名醫，報答母親義無反顧的關愛與陪伴。

有許許多多的人爲她可惜，認爲以她的才華不應被埋沒在家庭之中，許多資質不如她的人，都得到了比她更高的地位與榮耀。

但是，她面對這樣的嘆息時卻笑了，伸出一雙粗糙的手，看了看，說道：「我的雙手都鑲滿了幸福，只是你們都沒有看到罷了。世間最寶貴的是生命，我用一生的精力塑造了一個生命，讓我爲自己的成就而感到自豪。其實，對於一個母親來講，任何工作都只是暫時的和外在的，只有一項工作是她一生的職業，那就是：愛孩子勝過愛自己。我首先是一個母親，然後才是一名律師或者別的什麼。」

她幸福嗎？相信每個人看完了故事之後，都有不一樣的答案，但那都不是她的答案。

我們心中都有一種幸福的樣子，都爲幸福下了一種定義，唯有完全相符的時候，我們才會認爲那樣是幸福的。然而，別人也有別人的想法，不需要將自己心中的觀念，硬套到別人身上；我們認爲她幸福不幸福並不重要，只要她自己覺得快樂就足夠了，那就是她的幸福。

有位哲人曾經這麼說：「在我們能做的職業裡，或許，最有挑戰性的莫過於『做我們自己』。」

所以，當我們來到生命抉擇的人生路口時，只需憑著自己的本心行事就可以了，因爲只有我們認自己是幸福的，我們才能得到幸福。

假使，我們只是一味地追尋別人眼中的幸福，那麼我們只是在造就一個讓人欣羨的假象罷了，並不能讓我們眞正得到幸福的感受。因爲，幸福的感受，只在你我的心裡。

別讓悲劇絆住自己的腳步

別讓悲劇絆住了我們前進的腳步，留在悲慘情緒的黑暗洞窟裡，
只會讓我們任憑痛苦折磨，直至全身無力，哀嚎而終。

當我們一早醒來的時候，沒有人知道今天會以什麼樣的方式結束。可能因爲獲得一個工作機會而高興，可能因爲一件心愛事物遺失而傷心，更可能因爲某種傷害而感到憤怒；……

沒錯，我們得迎擊每一天突如其來的各種挑戰。

當站在命運前方的是不知所爲何來的悲劇，我們應該如何面對？當衰事、討厭的事迎面而來，又避之不開的時候，我們又該怎麼辦？

或許，我們只能先概括承受下來，然後努力尋找一個生命的出口，將所有的黑暗、晦澀全部拋之腦後，因爲，只有迎向人生的光明面，我們才能順利逃離悲劇的洞窟。

中學教師瑪麗，因爲課堂上一名不滿管教的學生突然發飆，抓起椅子從她背後砸了下去，加上一頓拳打腳踢，嚴重的腦震盪導致神經受損，因而喪失了記憶，臉上更破了相，留下了可怕的傷痕。

這場殘酷的傷害，將她的人生沉入了悲劇的泥淖之中，她不記得所有的過往，忘了和孩子相處的方式，也讓孩子不敢和她接觸，更因爲腦震盪的後遺症讓她常常昏倒，失去自理的能力。

她的丈夫只得辭去工作，專心在家裡照顧她和孩子，全家只依靠原本僅有的積蓄和社會福利救濟金過活。

一個又一個困境，像烏雲般不斷地籠罩過來，她的心情更是愁雲慘霧，認爲這一切都是自己造成的，每天都覺得生無意義，還不如死了痛快。想到這裡，自殺的念頭便油然而生。

於是，她打了通電話給律師，想要問清楚，萬一她意外身亡，她的丈夫和孩子是否能夠繼續領取那筆救濟金？

律師回答說：「假如妳遭遇了不測，那麼原有的福利，將自動中止。」

這個答案讓她頓時冷靜下來。

她看著牆上的照片，看到家人開心的笑容，想到親人爲她付出的愛和關心，她明白雖然自己至今遭遇了許多的磨難，但是還不該失去活下去的希望。她拿出日記本，在上頭列出勸自己放棄自殺的理由。

第一點她便寫了：「因爲史蒂夫愛我。」

接著，她又寫：「我不能讓孩子以爲自殺就能擺脫不幸。」

在那份清單的最後，她寫道：「我必須和親人一起攜手走完漫長的人生旅途，雖然我不明白爲什麼仁慈的上帝要讓我承受這麼多的苦難。」

她決定不再爲自己悲慘的過去哀傷，她重新站了起來，積極地爲自己與家人而活。後來，她經常應邀到各地演講，將自己的經驗與看法與聽者分享，在生與死之間，她做出了莊嚴的抉擇。

有一名記者在聽了她的演講之後，如此說道：「她身遭如此不幸，卻能用如此安詳平和的語言敘述自己的苦難……從她的經歷中，我們獲得了直接面對不幸人生的精神力量，獲得了生命是燦爛美好的強烈感受。」

或許，這也是這個故事中最好的註解。

歌德說：「流水在碰到柢觸的地方，才把它的活力解放。」

俄國作家尼古拉·奧斯特洛夫斯基：「人的生命如洪水奔流，不遇著島嶼暗礁，難以激起美麗的浪花。」

生命中，會有無數的考驗，以極為嚴酷的面貌出現，我們往往難以防備它們的攻擊，但我們不應就此被打敗，只要生命不死，我們就還有回擊的機會。所以，別讓悲劇絆住了我們前進的腳步，因為繼續留在悲慘情緒的黑暗洞窟裡，只會讓我們任憑痛苦折磨，直至全身無力，哀嚎而終。

在佛教教義中，以生命輪迴的觀念引導信徒，目的就是爲了讓大家看淡生命中遭逢的各種折磨，這世的折磨，來自於前世的業障，只要今世誠心向善，就能爲來世積福。

不論這樣的觀念是否爲眞，但是這樣的心理建設，足以讓信徒積極追求光明圓滿善，忘卻悲哀怨嗔癡，不失爲一個好方法。

總之，緊抓著仇恨不放，只會讓心繼續受到恨意煎熬；放開哀愁的過往，才能讓心眞正自由，生命才能自在快活。

犯錯之後要真心悔悟

如果不想遭受懲罰的煎熬，那麼我們就得更努力、更為小心謹慎，從一開始就不要做錯。

這個世界並不完美，當然生活在其中的我們也不可能是完人，犯錯，無疑是我們每個人不可避免的缺點。

所謂一失足成千古恨，當我們所犯下的錯誤罪無可赦的時候，就必須面對最強烈的制裁。

然而，古人有云：「放下屠刀，立地成佛」，便是告訴眾人，只要在心中有悔意，那麼即使是罪犯，終究也能夠得到救贖。

這是一名死囚的故事。

警察押著一名死囚準備上刑場執行槍決，囚犯走向處決位置時，腳下有一塊石頭，使他一個不小心被絆掉了一隻鞋。

由於他戴著手銬腳鐐，撿東西不方便，於是便回頭拜託監獄：「請幫我撿一下鞋，好嗎？」

這時，旁邊一名警察不禁竊笑道：「命都快沒了，還要鞋子幹嘛！」

「不！」這名犯人看著那個警察認真地說：「我已經在這個世界失足一次了，我不想再在另一個世界裡失足。」

那個警察先是愕然一怔，繼而滿臉通紅，隨即向前撿起了那隻鞋，神色嚴肅地幫他穿好。這名死囚犯下了罪惡的因，所以必須承受槍決的苦果，但是他的心中已然對於自己的錯誤感到悔恨，就應該能透過他的贖罪而得到救贖，旁人無權再對他嗤笑。

如《聖經》中所言，能夠眞心悔改的人，就能進入神的國度。

佛家也是教導大家認眞悔改，眞心悔悟，細心包容；犯了過錯的人，只要能在佛前眞心懺悔，那麼佛是無限包容的。

「苦海無邊，回頭是岸」，如果不想遭受懲罰的煎熬，那麼我們就得更努力、更爲小心謹愼，從一開始就不要做錯。

英國詩人約翰·戴維斯曾經寫道：「錯誤堵塞心靈的窗戶時，我們還有什麼判斷力？還有什麼辨別力？」

古羅馬哲學家塞內加也曾經說：「我們都是有過失的，因此，凡是我們指責他人的事，我們都將在自己的內心找到。」

人非聖賢，孰能無過，所以對於犯過錯誤但已知悔改的人，我們也給予最大的愛心來包容他們吧。

愛惜生命，珍惜因果，我們將會對自己的一舉一動更加愼重。

自己的未來，靠自己營造

選擇我們未來的人生方向。只要我們能夠朝著選定的方向持續地前進，終有一天會來到我們所選擇的目的地。

人沒有辦法預知未來，打從出生的那一刻起，我們就無法預測自己會有一段怎麼樣的人生。

銜著金湯匙出生的嬰兒，可能隨著家道中落而淪落爲乞；出生於貧民窟的孩童，長大成人之後也可能改頭換面，成爲雄霸一方的英雄。

是的，我們沒有辦法準確預測自己的未來，是富貴還是榮華，是悲苦還是哀愁，但是，我們的心卻可以爲自己的將來指出一道方向，將經過的每一天、每一個經驗收藏起來，醞釀成爲明天的養分，爲未來埋下更多的機會與動力。

我們祈求有一個美好的未來，那麼我們就必須在今天辛勤耕耘，灑下努力的汗水，不管明天來的會是風災還是蟲害，都要咬緊牙根、站穩腳步，努力地撐過去，才有希望能夠歡呼收割。因爲，我們想過什麼樣的日子，終究還是得靠我們自己來營造。

有一部電影，內容敘述有個人死後來到了天堂，見到那裡陳列了許多像電視一樣的機器，天使請他先在機器前坐下來，然後這些機器便開始放映他的一生經過。

他就這麼看著他的一生像電影一樣放映著，有些時候畫面會突然停格，接著，旁邊的機器又繼續播放下去，就這樣，一部接著一部，出現了一幕幕停格的畫面。

他發現那些停格的畫面，都是他這一生逃避的事情：他第一次惹爸媽生氣卻不敢道歉，他愛上一個女孩卻不敢表達，身爲人父時，也不敢表達自己對孩子的關愛……

終於，他的一生播放完了。天使們討論過後，對他說：「你在這一生中缺乏了愛與勇氣，所以我們決定要請你重回人間，直到把愛與勇氣學會之後，再回到這裡來。」

畫面一轉，這個人又出生在人間，重新學習愛與勇氣。

所謂「樹枝伸向何處，樹幹亦隨之傾斜」，我們所做的一切，最後都會在我們的生命裡展現出來，不管我們喜歡與否，都無法逃避。

曾寫過《白牙》、《野性的呼喚》等書的美國著名作家傑克倫敦曾經說：「生命就如一朵火焰，漸漸燒盡自己。但當一個孩子新生了，就得一個新的火苗。」

《湖濱散記》的作者亨利．梭羅寫道：「我走進森林，想要活得從容，接觸生命的本質，看我能否學會生活的教訓，我不想在臨終之際，發現自己未曾活過。」

四度榮獲葛萊美獎的盧賓．布雷茲，堪稱是美國樂壇的傳奇人物，則說：「我希望能在生命的最後四秒鐘說，我盡力了。唯有如此，我才能心滿意足，微笑地離開人間。」

許多的哲人將他們生活的想法傳遞下來，從他們的人生傳記，我們可以看出，他們的想法、觀念使他們得到了怎麼樣的人生，不管他們自身喜歡與否，他們一生的精彩已在歷史中留下了印記。那些印記，就是種種的人生解決方案。

我們不一定要模仿他們的人生，卻可以借鏡他們的方法與經驗，選擇我們未來的人生方向。只要我們能夠朝著我們選定的方向持續地前進，終有一天，會來到自己選擇的目的地。

全美最佳教師獎得主，也是美國知名的教育家愛斯康蘭曾經說：「人生中最重要的事情是，沒人能告訴你，你該成為什麼樣的人。」

你想要得到什麼樣的人生，請你自己擇定你的人生方向；你的生活，也該由你自己來規劃。

體諒，讓恨昇華為愛

寬容其實是一件難事，當自己心愛或重視的事物，被他人破壞奪走時，我們如何能假裝彷若這件事根本沒發生？

俄國大文豪杜思妥也夫斯基曾經說：「自己活，也讓別人活，這就是我的座右銘。」

凡事不只看表面，試著去站在對方的立場上思考幾分鐘，就能讓自己冷靜下來，而不是只受情緒主宰，才能做出顧全兩人的決定。

有一個人辛辛苦苦地存下一筆錢，買了一輛自己夢寐以求的新車，經常洗車保養，寶貝得不得了。他的兒子將一切全看在眼裡。他也同樣愛這輛車，因爲他知道他的爸爸有多愛這輛車。

一天，兒子發現車子看起來有點髒，於是決定幫爸爸洗車，滿心期盼等爸爸知道了一定會很高興。他想到了就做，可是找來找去就是找不到抹布，只找到媽媽刷鍋子用的鋼刷。他心想，用鋼刷一定能刷得更乾淨，便興沖沖洗了起來。

但是想不到，用鋼刷刷車子和刷鍋子一點也不一樣，車子非但沒有變得乾淨亮晶晶，反而被他刮出了一條條的痕跡。

越刷下去，就越讓他心慌；越想洗乾淨，車子的刮痕就越多……小男孩完全不知道該怎麼辦才好了。

他只能放聲大哭，這一哭把在屋裡看電視的老爸喊出來了。

這名父親簡直不敢相信自己眼睛所見，他的愛車被刮出了一道道曲線縱橫的刮痕，而他的兒子，拿著「兇器」鋼刷站在車旁大哭……

見到這種情景，他不知道自己應該如何反應。

才買不到一個月的新車，變成一輛見不得人的廢鐵；哭成淚人兒的兒子一邊抽噎，一邊喊著：「爸爸對不起！」

他一臉鐵青回到屋子裡，他想憤怒地大叫，也想砸東西出氣。

但是，他還是冷靜下來了。因爲，當他想到兒子爲什麼會用鋼刷洗車，他心裡明白兒子是爲了想幫忙，才會這麼做。雖然兒子因爲不懂而犯了錯，雖然他痛心自己的愛車被刮花，他還是沒有歇斯底里地責罵他。

故事中的爸爸，最後走出房門，他的兒子仍害怕地站在車邊流著淚，一動也不敢動。他一把將孩子擁在懷裡，對他說：「兒子，謝謝你幫爸爸洗車，爸爸愛你，勝過那部車子。」

這位父親的愛和諒解，相信也在孩子的心中留下了榜樣和難忘的記憶。

科威特哲學家納索夫曾經這麼說：「生活中，諒解可以產生奇蹟，諒解可以挽回感情上的損失，諒解猶如一個火把，能照亮由焦躁、怨恨和復仇心理鋪就的道路。」

但寬容其實是一件難事，當自己心愛或重視的事物，被他人破壞奪走時，我們如何能讓自己輕易放下，假裝彷若這件事根本沒發生？

記得《小婦人》有一段情節是，小妹艾美只因爲二姊喬不肯帶她一起去看戲，便偷偷將喬辛辛苦苦寫好的小說手稿丟到火裡燒得一乾二淨。

這件事讓喬趕到既憤怒又傷心，雖然對方是她至親的妹妹，她也無法不怨恨她；即使艾美頻頻表示歉意，她也絲毫不願諒解。因爲，那些被毀壞的是她最珍貴的寶物，即使再重新製作，也無法一如原樣，所有的心情和想法全都不同了。

不過，最後喬還是和艾美重修舊好，因爲當艾美跌落冰湖，生死交關的時候，喬才體悟到，原來恨是永遠不能代替愛的。

如果當初艾美能學會寬容，她就不會心生報復而燒毀喬視之如命的文稿，也就不會招致後來更多的怨恨；所幸喬及時學會了諒解，才得以保存了一份珍貴的姊妹情誼。

平心靜氣就不會烏煙瘴氣

忍讓，並不是棄械投降，而是迂迴談判；忍讓，並非單方面蒙受損失，而是謀求彼此最大的獲利。

雖然說人與人之間，爭執與意見不合在所難免，但是吵架實在是一項兩敗俱傷的舉動，更遑論動手打架了。

古羅馬劇作家塞涅卡說：「抑制自己免於憤怒最好的辦法是，當別人憤怒時，你就冷靜觀察那是怎樣的一副德性。」

不知道那些吵架的人是否看過自己吵架時的嘴臉？雙方都以自己最醜陋的一面示人，將自己所知道最惡毒的話語拋出，所有原本可以忍受的行爲，瞬時間全變成不可饒恕的罪惡，但是，爭贏了又如何？每一道心靈的傷口，即使結痂了，仍會留下醜陋的疤痕。

常常在想，爲什麼會有「夫妻床頭吵，床尾和」這樣的俗諺出現，既然會吵架，就一定是因爲兩人因爲某件事意見不合，既然吵開了，又爲什麼會輕易地就和好呢？這豈不是太不合邏輯了嗎？

下面這個令人莞爾故事，或許可以讓大家好好地思索一下這個「床頭吵，床尾和」的道理。

有一位年過九旬的老爺爺，不但身體相當硬朗，而且面容紅潤，看起來極有精神，大家都很好奇他究竟是如何養生的。

他說：「秘訣就是多運動，沒什麼。」

大家又磨著他問，到底是哪一種運動這麼有效。

他笑著說：「好吧！就把我的秘密告訴你們吧。打從六十五年前，我和我太太就在新婚之夜約法三章，兩人儘量不要吵架，要是非吵不可的話，誰理虧，誰就到院子裡去散步。這六十五年來，每次吵架都是我去散步，這麼運動下來，身體能不好嗎？」

這番話令在場人士全數會心一笑。

能不能控制自己的怒氣，代表著有沒有足夠的自制力。俄國文豪托爾斯泰說：「憤怒使別人遭殃，但受害最大的卻是自己。」

或許，有人會笑故事中老爺爺：「哪有人那麼笨，每次都是他理虧？」

其實，不是老爺爺笨，也不是他次次都錯，而是他願意忍讓，每次都「主動」、「自願」去散步，將無謂的爭執減到最低，留給雙方冷靜的空間，才能將是非對錯想個透徹。

如果真的是老爺爺錯了，那麼正好藉這個機會好好反省，萬一是老太太不對，這時也無須多加責怪，而老太太也更能體會老爺爺的愛與關心；無論誰對誰錯，都能針對事情解決，而不會惡言相向，抹殺夫妻間的感情。

不管工作、生活或人際交往，都難免有不順遂的時候，也難免會出現爭執和齟齬，但是，只要願意平心靜氣面對，彼此的糾葛往往就能迎刃而解。

忍讓，並不是棄械投降，而是迂迴談判；忍讓，並非單方面蒙受損失，而是謀求彼此最大的獲利。

我想，這就是「床頭吵，床尾和」的最好解釋了。雙方退一步好過爭破頭，畢竟明天還得繼續生活在一起呢，何必搞得全家烏煙瘴氣？想再恢復海闊天空，可就得再費上好些功夫呢！

所以，下次再與親人發生爭執時，不妨學學老爺爺這招「自認理虧」，在言語上小小的讓步，收起惡言相向的嘴舌，讓彼此都獲得「寧靜自省」的片刻，說不定就能平和地解決問題了。

懂得愛自己，就能學會寬容

我們所做的每一個決定，終究是為了自己；我們期望自己受別人信任，所以我們願意不惜一切信守承諾。

人是情感的動物，所以我們的思想會受到情緒左右。

日本知名女作家三浦綾子在《冰點》一書裡，就曾經這麼寫道：「不打算喜歡，卻偏偏喜歡；不打算討厭，卻偏偏討厭；不打算懷恨，卻偏偏懷恨；不打算執著於金錢，卻偏偏執著；不打算排斥別人，卻偏偏把人推開；打算走正路，卻偏偏走偏了；不打算卑鄙，卻偏偏卑鄙。人實在是身不由己啊！」

然而，或許就是因爲我們有如此多的身不由己，所以我們爲了保護自己，便會做出更多身不由己的決定。

一旦我們認清了這點，面對別人的決定不如己願，自然也就能寬容對待了。

曾經聽過一則關於愛與寬容的故事。

二次大戰時，一名日本軍官和未婚妻見面時，總約在一棵大樹下，那也是他們相識的地方。由於軍官的工作使然，他每次都會遲個一時半刻，總是超過約會時間好一會兒了，才氣喘吁吁地跑來。

他總是一邊跑著，一邊不好意思地說道：「真對不起，讓妳久等了。」

他的未婚妻總是靦腆地站在樹下，笑著對他說：「還好，我也剛剛才到，沒等很久。」

軍官信以為真，心裡的愧疚感降低了不少。

有一次，他意外地準時到達大樹下，卻發現他的未婚妻早已等在那裡了。

他突然想惡作劇一下，於是在一旁躲了好一會兒才出現，假裝自己又遲到了，沒想到他的未婚妻仍然說著相同的話。

「我也才剛到，沒等很久。」

軍官的心裡一時激動不已，爲自己竟能擁有這麼一位體貼善良的佳人而開心，相約要相守永久。但是，事與願違，軍官被派駐到海外，不知何時才能回來，因此不得不與未婚妻分別，兩人約定，總有一天一定還要在大樹下相見。

戰局生變，軍官被迫流落韓國，更意外被炸傷頭部而喪失記憶，後來他被一名韓國女子救起，就這麼在韓國落地生根。

十多年後，他猛然想起過往的一切，內心相當掙扎，他既不能放棄現在的妻兒家庭，卻也忘懷不了過往的美好回憶，與溫柔多情的未婚妻。不過，他最後放棄了，他猜想時間過了這麼久，倘若日本的親人都以爲他已死，那麼，他的未婚妻一定也另行追求了她的新幸福；他認爲，她一定早已忘了他。

然而，在妻子過逝之後，他抵擋不住那股思鄉的情緒，終於決定重回日本一趟。因爲在他心裡，始終有那一段刻骨愛戀的感情存在，他的心裡仍有一個小小的想望。

他來到了當年約定的地方不遠處，令他愕然的是，那裡已經改建成商店街，大樹不見了，也不再有那個溫柔婉約帶著笑容的身影了。他黯然神傷地往前走著，每走一步都彷彿聽見回憶碎裂一次的聲音。

終於，他來到原本大樹矗立的地方，沒有樹影，只有一個小小的香煙攤。他想，就買包煙吧！

當那名賣煙的老婦抬起頭時，他的熱淚再也遏止不了地淌流了下來。是她，她仍然在等他，他一時哽咽，什麼也說不出來。

終於，他說：「對不起，讓妳久等了。」

老婦仍然一臉微笑，溫柔地回答說：「還好，也不是等了很久。」

是什麼樣的動力，能讓一名女子願意傾盡青春與年華，只爲等待圓一個待完成的夢？相信一定很多人會猜「愛情」吧！

詩人拜倫曾說過：「愛情對男人而言，只是生活的一部分，但對女人而言，卻是一生的全部。」

這當然是以偏概全的說法，但是不容否認的，有些人可以爲了事業和生活而犧牲愛情，有人卻願意爲愛情付出一切。

或許答案眞是愛情，但我卻以爲，與其說她愛對方，不如說她更愛自己。其實，我們所做的每一個決定，終究是爲了自己。我們期望自己受別人信任，所以我們願意不惜一切信守承諾；我們希望自己擁有專情一致的形象，於是我們努力克服生活中的種種誘惑，眞正成爲一個專情的人……

總而言之，這並不是什麼特別偉大的情操，而是我們爲了自己的決定，去保持一致態度罷了。

故事中的日本軍官縱使是被迫負心，但他說服自己別人肯定也會背叛，希望減低自己的罪惡感，而且在多年後再度背叛了自己的家人，所以當他發現對方仍堅守承諾的同時，才會備覺羞愧。

然而，女孩執著等待至年華逝去，其實也是自己的意願使然，所以她才能坦然地寬容。

善意，要包含尊重與誠意

對某些人來說，氣節是比生命還要重要的事。既然我們有助人之心，就別讓自己的善意被人誤解。

古希臘哲學家柏拉圖曾說：「不論如何困難，不可求人哀憐。蓋哀憐中，已含輕蔑之意。」

對人伸手，已是將自己的自尊拋下，如果再受人輕侮，那份屈辱更甚，所以有人便寧爲強盜，而不做乞丐。

春秋戰國時代，戰火連年又發生了饑荒，許多難民不得不遠離家園在街頭流浪，過著有一餐沒一餐的生活。

富人命家丁準備米食在大路發放，本是希望能略盡薄力，使得流浪的百姓能有一餐溫飽，好有力氣繼續上路。

富人大開方便之門，當然讓前來取食的饑民心存感激，但也許是工作累了，也許是沒有耐性，負責發糧的僕人，頻頻催促排在後頭的民眾上前，然後要他們拿了快走。

這種輕蔑的態度，讓接受救濟的民眾頗爲不愉快，但想起自己咕咕作響的肚皮，也不得不將所有的屈辱全數吞下。

僕人敲著鍋沿大聲地喊著，要還沒取糧的人快些來拿，他瞧見遠遠走來一個衣衫襤褸、步履蹣跚的身影，便大吼：「喂！快來吃吧！」

沒想到那個人一步也沒加快，終於來到等得不耐煩的僕人身前，吐出一口唾沫，說：「我寧願餓死，也不吃你們的東西！」

那個人又一步一步地走開了。

這便是「不吃嗟來食」的故事，告訴我們，雖然行善是一項美德，但是並不代表所有的人都等著讓我們來救助；有些人雖然需要幫助，卻不需要無謂的可憐與同情。

伊朗哲學家薩迪在《薔薇園》一書中寫道：「獅子雖然餓死在洞裡，也不吃野狗剩下的唾餘。」

對某些人來說，氣節是比生命還要重要的事。既然我們有助人之心，就別讓自己的善意被人誤解。

7.

改變想法，就能改變做法

人的行動來自於想法，
而人的成功則來自於行動。
想開創出自我的成就，
就必須掌握生活中隨處可能出現的點子。

把負面的想法變為正面的力量

跳脫框框才能自在活躍，有新點子才能有新做法，有時候靈光一閃，就能走出桎梏，走出迷障，開拓出一番新天地。

愛因斯坦曾說：「人只有懂得改變對困境的看法，才能找到衝出困境的方法和做法。」

的確，成功絕大部分取決於你身處逆境的時候，是否具備改變主觀看法的勇氣，因爲，事實證明，只要你能改變看法，就能改變讓你失敗的做法，助你往成功的道路邁進。

有種算命術名爲塔羅牌，其中有張牌「死神」，算命者翻到這張牌的時候，乍看之下，好像慘到了極點，其實這張牌也有「死處重生」的正面意義。

人生也是同樣的道理，所謂危機往往就是轉機，反正這條路不通就設法繞過去。「反正最壞的情況已經過去了。」如此把負面的想法，慢慢地轉爲正面的力量，結果自然有所不同。

在佛羅里達州有一位快樂農夫，他把一個「毒檸檬」做成了檸檬水。這究竟是怎麼一回事呢？

原來，他將全部的積蓄買下了一座農場，但是，當他看到那座農場的時候，覺得非常頹喪。那塊地不只坎坎坷坷，土壤更貧脊得讓他種不了任何農作物，也因爲那裡有許多響尾蛇穴，讓他養不了任何牲畜。

但是，他決定不因爲這樣小小的挫折而灰心喪志，於是，他很快地想了一個主意，他要把那地上所有的東西全部變成他的資產，要好好地利用那些響尾蛇。

他的做法使每一個人都很吃驚，因爲他開始做響尾蛇肉罐頭，更把響尾蛇體內所取出來的蛇毒，運送到各大藥廠去做血清，響尾蛇皮以很高的價錢賣出去做女人的鞋子和皮包，此外，有很多人買了印有農場風景照片的明信片，在當地的郵局把它寄了出去。

據估計，每年前來參觀響尾蛇農場的遊客差不多有兩萬人。這個村子現在已改名為佛州響尾蛇村，就是為了紀念這位先生把有毒的「檸檬」做成了甜美的檸檬水。

勵志作家湯瑪斯．富勒曾經寫道：「看法本來是做法的僕人，卻常常變成它的主人。」

其實，一個人失敗的最大原因，除了本身能力不足外，更關鍵的是欠缺勇氣和決心，不敢改變自己死守不放的偏執看法。

如果遇上了挫折，就因此止步不前，那麼，生機可能真的到此為止，不可能出現轉機。就像那名農夫在看到滿園響尾蛇，什麼事都做不了時，便逃之夭夭，任其荒廢的話，那麼全部積蓄便會因此付諸流水也是他自己造成的。

但是，如果遇到了挫折，想辦法去克服挫折，然後繼續往前走的話，說不定就能因此逃出生天，找到一線生機。

反正一物剋一物，每一樣事物都有其天敵，響尾蛇雖然危險，但也不是所向無敵，毫無破綻的，不是嗎？

請來一個負責抓蛇的人不就好了，只要配合環境，做好防護準備，響尾蛇和豬羊馬牛也沒什麼不同，而且全世界僅此一處的響尾蛇農場，還不夠稀奇嗎？

這就是創造力，跳脫框框才能自在活躍，有新點子才能有新做法，也才能有機會得到不同凡響的成果。其實，每一個天馬行空的想法，只要有心，都可能有機會成真，有時候靈光一閃，就能走出桎梏，走出迷障，開拓出一番新天地。

面對生命裡的種種挫折，我們若能夠保有這種勇氣和積極想法，那麼，我們將能在困境中更加茁壯成長。

懂得迂迴溝通才會成功

尊重主管和老闆，迂迴引導他們朝向你認為正確的道路前進，是讓自己做事順暢的方法之一。

法國大文豪大仲馬曾說：「凡是那些成功的人，都是經過長期的計劃和小心安排的。」

在職場中，除非我們自己當老闆，否則必定會面臨到與主管和老闆溝通的問題。如果溝通的管道順利，彼此之間有所共識，那麼很快地就能得出雙方都滿意的決策；但如果雙方意見上有所分歧，該怎麼在自己的專業理念和老闆的想法之間取得平衡，甚至讓方向錯誤的老闆改弦易轍，就需要相當的技巧了。

換言之，不管置身在什麼環境，想要成功，懂得察言觀色、因勢利導是不可或缺的能力要件之一。

話說清朝新科狀元黃熙奉命陪著乾隆皇帝來到蘇州四大名園之一的獅子林遊園，乾隆對這個怪石林立、洞窟錯落的名園十分喜愛，一時興起，叫人拿來紙筆寫下了三個大字：「眞有趣」。

陪同遊園的地方官吏如獲至寶，隨即交代尋找工匠，前來將這三個大字翻刻成匾額，一方面是想討乾隆皇帝的歡心，另一方面也可讓此園因皇帝的題字而增色不少。

但是，狀元黃熙看到這三個題字卻忍不住心想：「這三個字實在太俗氣了，若是被製成匾額掛在園裡，豈不破壞了這個名園的氣勢，更何況也有損皇上的盛名。」

不過，他不想馬上啓奏乾隆改一改這幾個字，因爲他心裡有所警覺：「伴君如伴虎，萬一這麼一奏，惹得皇上因此而惱羞成怒，那可怎麼辦呢？」於是黃熙決定觀察一下再說。

他跟在乾隆身邊察言觀色，發現乾隆遊興不減，十分高興，於是逮了個機會走到乾隆的面前跪下，恭恭敬敬說道：「適才聖上題的字蒼勁渾厚，意蘊高遠，讓學生十分佩服，懇請聖上將『有』字賜予學生，讓學生可以每日觀摩臨習。」

乾隆一聽很詫異，但轉念心想，也覺察出黃熙的用意：「這小子明明是嫌這三個字用得不好，但是用這種方法陳述，卻可以看得出來他的機巧聰明。」於是讚許地點點頭，對黃熙的印象又加深了一些。

乾隆交代身旁的太監：「就將『有』字剪下來給他吧！」

從此，人們逛獅子林遊園時，都對這高掛著的乾隆手書蒼勁有力的「眞趣」二字匾額瞻仰不已。

所謂伴君如伴虎，是因爲皇帝掌有生殺大權，所代表的是絕對的權威與不容辯駁的威嚴。

但這並不代表，在皇帝與臣下之間完全沒有溝通的餘地。

哈佛大學談判研究所副首長威廉．尤瑞認爲：「談判是生活中不可或缺的事實，不管你喜歡與否，你都是一位談判者……當人們想交換意見、改變關係或尋求同意時，人們開始談判。」

皇帝也是人，也會做錯事，如果沒有人敢站在皇帝面前說：「皇上，您錯了。」那麼，只會讓這個皇帝成了昏君。

如果這個皇帝在聽了別人中肯的建議，卻仍一意孤行，那麼這個皇帝就是個暴君。

只是，想要與皇帝談判，必須具備更高的溝通技巧，也必須更加地以同理心設想對方的立場，從對方的角度檢討情勢，畢竟保命優先，沒了命也不必談判了。

黃熙掌握了這樣的技巧，他既顧全了乾隆的面子，讓乾隆樂得順水推舟，也讓自己在乾隆心中留下了深刻的印象，而獅子林則多了旨趣深蘊的匾額，實是三贏的結局。

在現今職場上，階層化權力不對等的上下關係，與君臣關係異曲同工。很多時候，老闆的面子或一時情緒感受，往往凌駕了理性員工的專業能力或事實眞相本身。我們不得不去學習接受「因爲權力的對錯，而決定了事情對錯」的事實。

我們可能會以爲，自認爲對的事情，上司就應該以理解或欣賞的角度給予支持，卻忽略了如果沒有信任作爲前提，過程中又缺乏溝通意識，是會造成上司不安與焦慮的。

三國時代的楊修，就是在這樣的情況下，引起曹操妒才，因而斷送了性命；因此，許多在職場官運亨通的人，都是掌握了「先讓老闆放心才好做事」的溝通哲學。

有人說：「現代職場關係生存術中最常被提及的『向上管理』，說穿了其實就是『管理期望』，也就是管理老闆對你的期望，看你是不是會站在他想達成的目標去想事情。」

尊重主管和老闆，迂迴引導他們朝向你認爲正確的道路前進，是讓自己做事順暢的方法之一。

信任夥伴，才能彼此支援

唯有敞開胸懷去接納夥伴，彼此支援，才能夠得到相乘的力量，完完全全地發揮彼此的潛力。

很多人協調性不足，總是習慣「個人秀」，因爲和別人合不來，只會互相牽絆，拖累對方。特立獨行的想法雖然可以帶來新刺激與新突破，但適當的溝通與協調，卻是事情順利與否的關鍵。

在企業中，每個環節都重視團隊的合作與默契，就算個人的能力再高，也會孤掌難鳴，難成大器。所以，不只要和工作夥伴彼此合作，同時更要和老闆、主管合作，才能讓每個工作計劃順利進行，非凡的點子與計劃也才有機會實現。

費城的阿道夫．塞茨先生，察覺到自己企業中存的問題。於是，他將旗下的員工找來，召開了一次銷售會議，在會議上他不斷以熱情的言語鼓勵他們，希望從他們身上得到對自己的各項要求，而在員工將自己的想法說出來的同時，他立刻記錄在黑板上。

最後，他說：「我會把你們要求我的，全部給你們。現在，我要你們告訴我，我有權從你們那兒得到的東西。」

員工們很快地給了他回答，答案包含忠實、誠實、進取、樂觀、團結，每天熱誠地工作八小時……等等，可說洋洋灑灑，甚至有人自願每天工作十四個小時。

這個會議在新的激勵和新的啓示中結束了，而之後企業的銷售業績更上升得十分可觀，讓塞茨先生相當滿意。

「他們等於和我做了一次道義上的交易。」塞茨先生說：「只要我遵守我的條約，他們也就遵守他們的。向他們探詢他們的希望和願望，就等於在他們手臂上打了他們最需要的針。」

在這次交易中，塞茨先生等於是將自己的信任交到員工手中，當然也能夠得到員工善意的回應。

美國女詩人瑪莉安娜．穆爾曾經寫道：「正如傳染病會互相傳染一樣，信任也會互相感染。」

在職場中，彼此信任是維繫關係的重要因素，讓每個人各盡本分、盡情發揮，不啻是組成了一個牢不可破、戰鬥力堅強的工作團隊，當然無堅不摧，攻無不克。

在人生的旅途上，我們是不可能永遠單打獨鬥的，我們會需要和別人合作，善用彼此的優點，避開彼此的盲點，追求共同的勝利。在這個時候，我們除了不斷琢磨自己本身的實力之外，最重要的，就是要勇於信任夥伴。

唯有敞開胸懷去接納夥伴，彼此支援，才能夠得到相乘的力量，完完全全地發揮彼此的潛力。

改變想法，就能改變做法

人的行動來自於想法，而人的成功則來自於行動。想開創出自我的成就，就必須掌握生活中隨處可能出現的點子。

歌德說：「取材不在遠，只消在充實的人生之中。」又說：「把手伸入人類生活的深處吧！人人都在生活，但是只有少數人熟悉生活，只要你能抓住它，它就會饒有趣味。」

想像力就像一把鑰匙，足以打開通往成功的大門；我們的所知所學是一項觸媒，在與生活結合之後，就能生出許多新鮮又有趣的點子。

有一個皮革商非常喜歡釣魚，經常到離家不遠的紐芬蘭海岸去釣魚，那裡有世界著名的紐芬蘭漁場，魚類資源非常豐富。

有一年冬天的一個早晨，下了一夜的大雪，天氣冷極了，寒涼的風吹削在臉上，就好像被利刀割過一樣。

皮革商費了很大的力氣才在結冰的海上鑿了個洞，然後他坐下來，點上一支煙，就開始釣魚。

釣上來的魚放在冰上，很快就凍得硬梆梆了，這種凍魚只要身上的冰不融化，過了三、五日也不會變味，解凍後烹調，味道還像鮮魚一樣鮮美。

這究竟是什麼原因呢？難道食物結了冰就能產生保護作用？

皮革商百思不解。想著想著，他突然想到，如果把魚凍起來，是不是也能像活魚一樣保持新鮮呢？想到這裡，他眼前一亮，一個不安分的想法使他急急收起魚竿，匆匆回了家。

皮革商開始他的試驗。經過多次反覆試驗，他發現牛肉和蔬菜就算凍得結了冰，也能夠保鮮，而且所有的食品冷凍後的味道和保鮮度，跟冷凍的速度和方法有關。於是，精明而善於思考的皮革商打算研製一台能使食物快速冷凍的機器。

又經過多次的試驗、分析、總結，他終於成功地掌握了這種技術。被疲勞和睡眠不足困擾的皮革商沒有猶豫，立刻向國家專利局爲他的食品冷凍法申請了專利權。接著，他向外界宣稱，他將賣出這項技術。

由於這是一種具有極大潛力和發展前途的新技術，一時間全國各大公司紛至沓來購買專利。最後，皮革商把握時機，以三千萬美元的高價賣給了美國通用食品公司。

這位皮革商就是美國商人巴爾卡。

如果你想出人頭地，就必須調整自己的想法，用積極的想法改變消極的看法，如此，才能看見自己生命的陽光。

心理學家說：「人的一個行動，來自他的一個想法。」

也有人說：「世界上有許多做事有成的人，並不一定是因為他比你會做，而僅僅是因為他比你敢做。」

換句話說，人的行動來自於想法，而人的成功則來自於行動。我們想開創出自我的成就，就必須掌握生活中隨處可能出現的點子，進而立即付諸行動，就好像巴爾卡一樣。

身爲創業者必須對自己的才華和想法信心滿滿，所謂行動力更勝於計劃，以經銷康柏電腦創出成功佳績的彼得．沙卡基就說：「我們當場反應，不是事前反應；生意上門，我們馬上有所反應。我從來不曾有過一個創意計劃。」

有了想法，就要設付諸實行，勝過不斷修正計劃、紙上談兵。

反正，人永遠沒有準備好的時候，有想法就去做吧！邊走邊整隊，總好過蒙著頭原地踏步。

要擬定計劃，也要因應變化

增加自己處理事情的彈性，以全方位的思考角度來面對問題和風險，再適時視反應與時勢來調整方向和步調。

在這個變動快速的時代，如果沒有足夠靈活的腦筋，高瞻遠矚地辨明每一個足以運用的機會，進一步地以行動證明自己的創意與想法，那麼想要成功幾乎可以說是不容易的。

自己創業，代表的是更多的創意自由與獨立獲利，但也代表著另一種成敗的負擔。重要的是，創業者能不能及時地善用自己的特質，去營造適合自己的創業環境，同時持之以恆的維繫下去。

一般來說，獨立創業確實有一定風險存在，而且大多數失敗的企業家不是因爲用錯策略，而是無法設計、生產或是無法及時賣出價廉物美的產品。也就是說，即使經營者本身的想法正確、目光遠大，如果整體企業的運作沒有辦法跟隨，行動策略的成效就會因此而大打折扣。

有時候，企業面臨危機之際，能夠及時掌握曇花一現的機會，聰明且穩紮穩打地付諸實行，比起訂定長期的競爭策略來得重要且有效率。畢竟計劃永遠趕不上變化，死板板地套著框框做事，往往很難因應突如其來的變化，措手不及、方寸大亂，都是經營者的致命傷。

冷靜下來，思考所有可行的方法，然後放手試試看，有時候說不定反而有另一番新發現，事情就出現了轉機。

舉個例子來說，你知道餅乾這個東西是怎麼來的嗎？

據說，有一個食品加工商從外地採購了大量的庶糖和麵粉，租了一艘船打算運回城裡銷售，沒想到在返程的大海上遇到了強風暴雨。結果，所有的庶糖和麵粉全被淋得透濕，成了糖稀和麵糊。

面對突來的厄運，貨主愁得吃不下飯、睡不著覺。可是，他實在不甘心自己的大筆資產就這麼化爲泡影，所以不斷地苦想這些蔗糖和麵粉到底還能派上什麼用場。

就在這時，他看到船主正在烤魷魚。看著一片片魷魚在鐵板上烤成了奇香四溢的佳餚，他忽然突發奇想：「這些糖稀和麵糊能不能像魷魚烤成一種奇特的食品呢？」

當船主烤完魷魚，他馬上把糖稀麵糊的混合物放在灼熱的鐵板上，結果奇蹟出現了，這些經過雨水浸泡、有點發酵的混合物，很快地被烤熟並意外地膨化開來，香味四溢讓人忍不住要流口水。

嚐了一口，這個正苦於開發不出新產品的食品加工商激動地跳了起來……

從此，世界上多了一種酥甜可口、風味獨特而且便於儲運和攜帶的新式食品——餅乾。

普拉斯曾說：「樂觀的人，在每一次憂患中，都能看到一個機會，而悲觀的人，則在每個機會中都看到某種憂患。」

許多事情看似危機，其實是生命中的重大轉機，關鍵就在於我們願不願意改變僵化的看法，改變一成不變的做法。

設定目標、擬妥大綱，絕對是首要的工作重點，但是執行時方法卻不應拘泥不通，若能適時調整腳步，因應時局上的種種變化，才不會一碰上阻礙就整個停頓下來，因而造成了嚴重的損失。

增加自己處理事情的彈性，以全方位的思考角度來面對問題和風險，決定解決方案後就即刻去執行，再適時視反應與時勢來調整方向和步調，成功的機會自然會比別人大得多。

站在對手的立場上思考

站在對手的立場上來思考，就能預測出對手可能的動向，進一步想出制敵的方法。站在客戶的立場思考，就能做出成功的銷售決策。

懂得掌握顧客心理，貼近客戶的心，以實際的行動創造出無懈可擊的服務，當然能成功打出自己的品牌。物流工作迅速確實，的確能夠讓顧客印象深刻，備覺貼心受用，無形中便深耕了無數的潛在客戶群，締造下一次成功的銷售業績。

致勝的關鍵，在於是否有足夠的決心與熱情，因爲，對於自己的事業未來有了足夠的決心與熱情，就能勇敢面對問題，努力尋找解決之道。這也是對於未來的一種使命感，設定了目標，調整了心態，就能心無旁騖地往成功邁進。

美國醫藥界的翹楚查里．華葛林原來只擁有一家規模很小的西藥房，不好不壞的生意，使他對前景感覺欲振乏力，但他卻又不甘心就此結束，於是決定改善對顧客服務的態度，以招攬更多的生意。

他決定改變生意手腕：「假如有人打電話來訂貨，我就一面接電話，一面舉手招呼我的夥計把物品送去。」

怎麼說呢？假設鎮上的郝斯福太太來電，他會一邊大聲回答：「好的，郝斯福夫人，兩瓶消毒藥水、四分之一磅的消毒棉花，還要別的嗎？啊！今天天氣眞好，還有……」他不住地與客人聊天、討好他的顧客，同時指揮夥計立刻把貨物取齊，馬上外送到客戶家裡。

店裡的夥計也訓練有素地，在華葛林接起電話的一分鐘內，就盡快將物品準備好，送往郝斯福太太家。談話仍然繼續，等她說：「門鈴在響了，華葛林先生，再見！」於是，他放下了電話聽筒，面露喜色，因爲他知道貨已經送到了。

郝斯福夫人對於華葛林的服務感到驚奇，便經常向鄰居提起，由於她無意間的傳播，使附近的居民都常常到他的藥房來購物，甚至漸漸擴展到別處居民，愈來愈多人成為他藥房中的長期主顧。最後，他的藥房便擴展成了大型藥品公司，並成立特約加盟店，在全國各地都設有分店。

華葛林的成功不是偶然，他在自己的企業之中，找到了病因，而且予以積極治療，成功地建造了一個體制建全的企業體系。

在這個資訊工業發達的時代，網路購物已經成為時尚，透過網路進行消費的客戶，他們所追求的是低費率、零負擔、高品質、高效率，完全不想浪費時間或者是浪費力氣，而這些就是想涉及網路事業的企業或個人需要深思的重點。

站在對手的立場上來思考，就能預測出對手可能的動向，進一步想出制敵的方法。華葛林對待顧客的態度，很值得大家借鏡，以顧客的需求與內在想望為出發點，站在客戶的立場思考，就能做出成功的銷售決策。

小氣過了頭，小心因小失大

如果心存欺瞞狡詐，別人也不會對你太客氣；只知道小氣吝嗇，別人也很難慷慨相對。

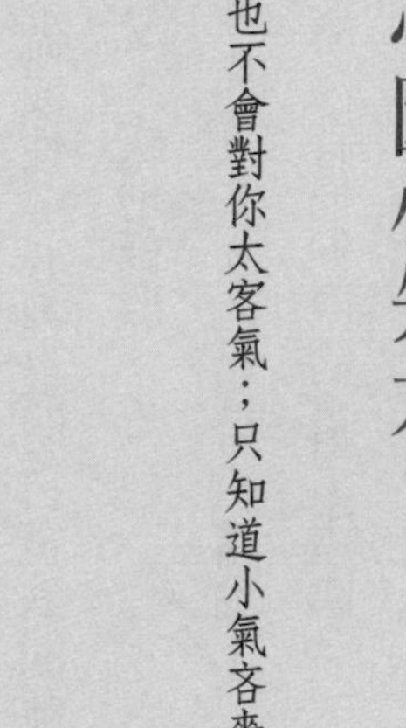

做生意，講求的是誠信原則，吃虧或是佔便宜都做不成生意。例如，老闆怕客人殺價，一開始就把售價定得老高，而客人認定老闆一定早加了三、四成的價格，所以早就打定主意要攔腰殺價。於是，這麼一個往下砍，一個向上加，花了老半天還成不了交易。

但無論如何，如果存心佔便宜，那麼就算這次別人認虧，下一次也絕對不再和你合作，那麼吃虧的究竟是誰呢？

有一個很吝嗇刻薄的大富翁，養了五隻狼狗。一天，富翁請了一位畫家到家裡來爲狼狗畫一幅生活畫，他要求畫家在他家美麗的花園裡，描繪出狼狗們活蹦亂跳的各種神態。

畫家花了三天時間，在他家的花園裡捕捉這五隻狗玩耍的動作。畫好了之後，畫家將這幅畫得很生動的圖畫拿給富翁看，可是，富翁卻藉故挑東揀西，因爲這個吝嗇的富翁心想，如果多挑剔一點，付款時就可以用對成品不滿意的藉口少付點錢。

畫家早聽說過這個富翁吝嗇成性，心裡很明白富翁的詭計，所以還是不動聲色地照著富翁不滿意之處一次又一次地修改。

最後，他將一幅已經修改了四、五次的畫帶給富翁，只見富翁拿著畫左看右瞧之後竟然說：「哎呀！你怎麼沒有把狗屋給畫上去呢？」

「狗屋？」畫家一楞，想不到富翁竟還有這麼一招。

「是啊！我的狗最怕讓別人盯著看了，每一次只要有人朝著牠們看，牠們就會馬上躲進狗屋去，所以沒有狗屋是不行的。」

畫家儘管生氣，但仍然不動聲色，想了想說：「好吧！我將畫改過後，明天送來給你。」

第二天，畫家將修改好的畫送來給富翁。

「咦！怎麼只有狗屋，我的狗呢？」

「因爲我們現在正盯著牠們，所以牠們躲進狗屋不出來了。你先掛在牆上，過些時候沒人注意，牠們就會出來了。」畫家泰然自若地回答，「現在，請您付錢，謝謝。」

畫家以其人之道還治其身，一句話將富翁堵得啞口無言，富翁縱使百般不甘願，也只好乖乖付錢。

所謂一分錢一分貨，本來想要客戶付款付得爽快，理所當然要盡力將成品做到令客戶滿意，但是，遇上了像富翁這般的「奧客」（壞客戶），如果畫家沒有這麼不動聲色地自力救濟，恐怕永遠也拿不到錢了，只是白白浪費精神力氣。

節儉是美德，吝嗇就不太可取了，托爾斯泰說：「沒有錢是悲哀的事，但金錢過剩則加倍悲哀。」

當然，或許有人會說，錢哪會怕用不完？但是，如果不能將每一分錢充分發揮功用與意義，只是鎖在箱子裡，抱在懷裡，擔心被人偷走，又有什麼用呢？

更何況，該給的就要給人，爲了省一點點小錢，讓自己的嘴臉變得猙獰醜陋，犧牲了尊嚴和名聲，眞的有價值嗎？今天貪小便宜買來的東西，哪一天出了問題，還能奢望有人會來爲你售後服務嗎？

中國宋代理學家程頤說：「以誠感人者，人亦以誠而應。以術馭人者，人亦以術而待。」

換言之，如果心存欺瞞狡詐，別人也不會對你太客氣；只知道小氣吝嗇，別人也很難慷慨相對。懂得誠信待人，才能永續經營，不論是做生意還是自己的人際關係，都是如此。

不讓自己成為錢的奴隸

人心的貪婪，使得財富因此而蒙上了惡名；器物是死的，使用的都是人，是人決定了器物的價值。

作家梭羅說：「金錢買不到靈魂所需要的東西。」

哲學家叔本華則說：「財富就像海水，喝得愈多，你就愈感到口渴。」

儘管這麼多哲人告誡我們不應該太愛錢，但是我們卻心知肚明，雖然金錢不是萬能，沒有錢卻是萬萬不能。除非我們打算學梭羅或是陶淵明離群索居，自力更生、自給自足，否則我們還是需要錢才能過活。

不過，我們若能學會善用金錢而不受金錢左右，更不得不義之財，那麼，我們便是錢的主人而不致於讓自己變成錢的奴隸。

英國作家科爾頓說：「我們的錢財常是我們自己的陷阱，而同時是別人的一種誘惑。」

有一個故事清楚地說明了這個道理。

有兩個朋友看到一位哲學家從叢林中驚慌失措地跑出來。便好奇地問他究竟看到了什麼，爲什麼這樣驚恐不安。

哲學家說：「在那片叢林中，我看到一個吃人的東西。」

「是有一隻老虎？」兩個人不安地問道。

「不，」哲學家回答說：「要比老虎厲害得多，是我在挖藥草時竟然挖出了一堆金幣。」

「在哪兒？」兩人趕忙問道。

「就在那片叢林中。」說完，哲學家就走了。

兩個朋友立即跑到哲學家所指的地方，果然發現金幣。

「那個哲學家多蠢啊！」一個人對另一個人說：「竟把這貴如生命的黃金說成是吃人的東西！」

另一個人說：「讓我們想想怎麼辦吧！在光天化日之下，現在就把它拿回村裡是不安全的，必須在夜裡偷偷拿回家去。我們留一人在這兒看著財寶，另一個人回家去拿吃的吧！」

當一個去拿飯時，留下的一個人想道：「太遺憾了，今天要是我一個人來多好。現在我還得把這些黃金分給朋友一半，我有一大家子人，需要得到全部黃金。嗯，只要他一來，我就用刀子把他捅死。」

同時，另一個人心裡也在想：「我幹嘛要把黃金分給他一半呢？我負債累累，爲晚年準備的積蓄一點都沒有，我不能分給他一半。我先吃好飯，然後就在飯裡放上毒藥，給他帶去，他一吃就死了。」

想好之後，他帶著飯，來到發現金幣的地方。

他剛一到那裡，另一個人就冷不防地給了他一刀，當即結束了他的性命。

行兇後，兇手對朋友屍體說道：「可憐的朋友，是一半黃金送了你的命。現在，我該吃飯了。」然後端起有毒的飯吃了下去。半個小時後，他也一命嗚呼了。他在臨死的時候說道：「那個哲學家的話多麼對呀！」

正如英國作家史密斯所說：「形成罪惡根源的東西，不是金錢本身，而是對錢的摯愛。」

其實，故事中的兩個人為了金幣而身亡，哪裡是「黃金」的錯呢？可怕的是「貪」字才對。

人心的貪婪，使得財富因此而蒙上了惡名。

所謂「水能載舟，亦能覆舟」，器物是死的，使用的都是人，是人決定了器物的價值。

8.

心無旁騖走出自己的道路

在聽話時，細細考量自己的立場，
該堅持的就要堅持，
不一定要照單全收，
如此才能心無旁騖地走出自己的道路。

用美好的事物保持身心忙碌

運用種種美好的事物，保持身心的忙碌，這樣絕對不會認為時間太多無處消磨的，自然也就不會飽受等待的痛苦了。

你有等過人的經驗嗎？等人無疑是一件苦差事，對方到底來或是不來？眼看著約定的時間一分一秒地逼近，仍遲遲未見等待的人出現，心中那份焦急可想而知。會不會出了什麼事？會不會是故意要放我鴿子？會不會這樣，會不會那樣，千百個疑惑頓時在心中油然而生，焦慮的症狀就更爲嚴重了。

記得倪匡有本科幻小說中曾經對「快活」二字下了不同的定義，主角衛斯理說：「快活，就是讓生命快快活過去。」

是啊！這麼一來什麼都不用等了，痛苦、憂煩等等折磨也會很快過去。很有意思的想法，有個故事倒可以讓我們來想想這個問題。

從前有這麼個年輕人，與情人相約會面，他性子急、迫不及待，結果來得太早，等得心煩意亂。儘管周遭風光明媚、鳥語花香，他也無心欣賞，只是一頭倒在樹下大嘆時間能過得快點。

忽然之間，他發現眼前出現了一名矮人，矮人在他衣服上釘了個鈕釦說：「我知道你爲什麼悶悶不樂，來，有了這顆鈕釦，你就可以不用再等了。當你遇著了不得不等的時候，向右轉動這個鈕釦，你就能越過時間，要多遠就有多遠。」

矮人說完便溜得不見蹤影，令年輕人大嘆驚奇。他半信半疑地將鈕釦一轉，咦！果然情人已出現在眼前，眼眸秋波令他陶醉不已，恨不得此刻就與她成親，共度晨昏。

於是，他又轉動鈕釦，頓時眼前已是婚禮盛筵，身旁管樂齊鳴，全是前來爲他們祝賀的親友。他接著又想快些來到洞房時分，只有他與心愛的妻子共享燈火燭光……每到了一個時刻，他就迫不及待地想感受下一刻，他的願望一個接著一個來，鈕釦轉了又轉，日月星辰轉眼飛逝。

就這樣，生命在他面前飛逝而過，轉眼間，他已成了一名垂垂老翁，行將就木。他再也沒有壽命與未來可以供他跨越了，這時他才體會到，自己回顧這一生中並沒有任何令他覺得深刻的感受，因爲他生命中的每一刻都匆匆而過，既沒有痛苦的記憶，也沒有快樂的記憶。他實現了無數的願望，卻一點也沒有獲得滿足的喜悅。

這樣的結果令他懊悔，他希望這一生能夠從頭活過，這一次他將學會等待的意義與價值。

他顫抖的手指握住鈕釦，閉上眼猛然向左一轉，睜開眼發現自己仍在那棵大樹下，原來只是夢一場。他擦了擦額際的冷汗，抬頭望了望蔚藍的天空，耳際聽著啁啾的鳥語；他發現，有許多美好的事物能陪伴他度過等待的時光，如此想來，一切焦躁不安已全部煙消雲散。

偶一抬頭，發現情人正從小徑施施而來，驚喜的感受，難以言喻。

縱使「耐心等待」是一件累人的事，等待的感覺令人焦慮，可是，既然都得等了，生氣、不耐煩都得花上那些時間，何不讓自己輕鬆點呢？

人的一生如果每一天都過得如自己所願，開心地活、活得開心，恐怕唯一會感嘆的就是時光飛逝、歲月不饒人，絕對不會有一絲一毫「度日如年」的念頭。

愛因斯坦曾經這麼說：「真正的快樂，是對生活樂觀，對工作愉快，對事業興奮。」

湯瑪斯．卡連斯也告訴我們說：「快樂的基本因素是：有事可做，有所愛慕，有所希望。」

總之，人想要活得快樂，就得自己去找事情來做，用眼、用心、用手、用腳……去體會世界，去感受自然，運用種種美好的事物，保持身心的忙碌。這樣的你，是絕對不會認為時間太多無處消磨的，自然也就不會飽受等待的痛苦了。

細心咀嚼愛情的甘味

很多人希望自己的愛情轟轟烈烈，其實在平凡之中，也同樣有浪漫存在，涓涓細流的情感，絕對不輸那種驚滔駭浪。

年長一輩的人，情感的表達總是很內斂的，他們從不當著面大聲說愛，或許也不好意思在人前表現出親暱舉動，但是，如此淡似未覺的情感，有時候同樣令人感動。

有位作家寫道：「少年夫妻老來伴，雖然不再浪漫，不再有強烈的愛情，溫柔的相互扶持卻安詳和諧，更為可貴。共同的經驗，相互的認同，共悲共喜，比浪漫的情愛更能使兩人緊緊依偎。」

其實，能夠擁有一路眞心相繫的好伴侶，執子之手，與子偕老，這就是人生最大的幸福。

醫院，是一個考驗人性與人心的地方，也是無數感人故事流傳的地方。

有一位身寬體胖的老太太年紀大了，血壓也高了，心血管方面的疾病讓她不得不常常要回醫院報到。但是她的行動不方便，走路需要有拐杖來支撐，所以每個月，就能看見老先生伴著她回醫院復診踽踽的身影。

某天晚上，老太太因左半身麻痺緊急入院，經過電腦斷層掃描檢查，顯示老太太的右腦出血，醫院及時做了妥善處理，將情況緩和下來。醫生如實地將詳細狀況告訴一直未離寸步的老先生，他只是含著淚光，請求醫生盡最大的努力。

所幸，手術結果順利，五天後，老太太意識清醒過來，第一件事就是要找老先生，還茫然地問：「爲什麼我先生沒來？」

老先生之所以沒有陪在太太病榻前的原因，是他自己也因爲心肌梗塞而住進了對面病房。

老先生清醒過來的第一件事，就是要下床辦理出院，好去照顧病床上的老伴。醫院方面為了怕危險，又拗不過老先生的堅持，只好答應讓老先生換上家常服，由護士推著輪椅送他到老太太病房門口。

於是，老先生坐著輪椅到了病房門口，費力地站起身，邁著蹣跚的腳步，拿著果汁走到老太太床邊，對她說：「幫妳買的，快喝吧！」

老太太露出擔心的神色，問道：「怎麼好幾天沒見你來，生病了？」

老先生則微微地笑了笑：「沒的事，侄孫結婚，去幫忙打點打點。」

老先生微笑的口中，說出的是子虛烏有的謊言，卻也是人世間最為動人的謊言。接下來每一天，老先生都在護士的協助之下，拿著果汁來到老太太身邊，坐著陪妻子說話，說了更多更多的謊言，而後出了病房，再坐著輪椅回到病床上休養。

正當大家為這對老夫婦日漸好轉的病情感到安心的時候，老先生的心臟病卻突然惡化，沒有留下任何遺言便撒手人寰。

前來爲老先生料理後事的侄子，請求院方在老太太面前代爲隱瞞老先生過逝的消息，以免老太太承受不住。

第二天，老太太果然發現不見老先生人影，便問起巡房的護士，怎麼丈夫今天拖得這麼晚還沒。護士努力帶著笑容，輕哄地說：「您的侄孫過兩天就要結婚啦！阿公高興得很，大概是忙不過來吧！」

隔天早上，老太太床頭多了一瓶果汁，護士說：「阿公剛才來過，看您睡得很熟，所以放下果汁就走了。」

當天下午，護士便察覺躺在病床上的老太太已經沒有呼吸，經過二十分鐘的急救，醫生正式宣告不治死亡；值得一提的是，老太太的臉上，自始至終都帶著微笑。

很多人希望自己的愛情轟轟烈烈，震撼人心，其實在平凡之中，也同樣能有浪漫存在，而且，這樣涓涓細流的情感，動人心弦的程度，絕對不輸那種驚滔駭浪。

文學家卡萊爾曾經在給妻子的情書中寫道：「妳盡心地整理家務，我努力地寫稿子，雖然是粗茶淡飯，卻比千萬人更快樂、更驕傲，不是嗎？就讓我們攜手到老，互敬互愛地共同面對人生的困難吧！」

這樣的生活或許平淡，但若能細細咀嚼，也能體會其中甘甜有味。

總有些人喜歡在愛情裡面計較誰先愛誰、誰愛得多、誰愛得淺，但計較清楚了，又有什麼好處呢？只要能處處爲對方設想，就不會想去計算誰付出得多，誰又付出得少了。

就像故事中的老夫婦，誰愛得多？誰又愛得少了？最動人之處，莫過於夫婦倆全心地關愛對方、體貼對方、依賴對方，這就是眞愛的表達。

老先生爲了愛，不惜說謊；老太太爲了愛，甘願被騙，他們爲了彼此，努力相伴一起走到人生的盡頭，我們能說這樣的愛情，不感動人嗎？

要有自信才能愛人

既然已經掉進愛情裡，乾脆放心享受愛的過程吧，而不要鎮日惶然猜測愛的結果，才能減輕對愛情的焦慮與不安感。

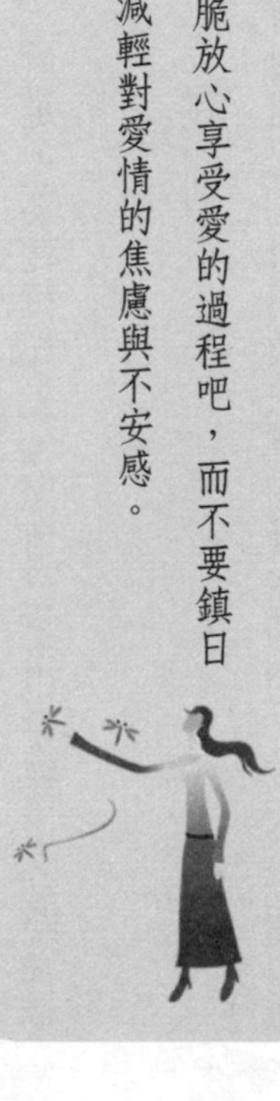

「你愛我嗎？」

男男女女在愛情之中，總愛問這個問題，有的人一天要問上三遍，彷若沒有得到肯定的答案，就會陷在愛情的迷惘裡不知所措，惶然不安。

還有些人更變本加厲地抓著親朋好友問：「他（她）愛我嗎？」彷彿希望「旁觀者清」的道理也能在愛情裡得到印證。

然而，問出了答案，眞的就能安心了嗎？恐怕不盡然吧？不然他們也不會照三餐問，一問再問了。這些人之所以會這麼做，說穿了，其實只是因爲對愛沒有自信，也是對自己沒有自信。

有一位心理學家曾經針對「愛」這個議題進行研究，他舉了這麼一個例子，來說明自信與自疑的差別。

一個男孩來到莫札特面前演奏，樂曲演奏完畢之後，他問莫札特：「你會勸我變成音樂神童嗎？」

莫札特說：「不會，一點也不。」

那個孩子吃驚地追問說：「可是，莫札特先生，您自己不也曾經是音樂神童嗎？」

莫札特回答：「可是，我並沒有問別人。」

一個充滿自信的人，是不會對自己的行爲與抉擇猶疑搖擺的，更不會期望他人爲自己背書。

想要愛人也是如此，必須要具備相當的勇氣與相當的自信，認爲自己不夠好的人，當然會受到他人鄙視；不愛自己的人，更不可能被愛，也不可能學會如何愛人。

所以，如果我們在戀愛的過程當中，會不斷詢問自己、詢問他人，希望能藉此確認自己的愛情，那麼這段感情，終究會以失敗告終；這是因爲我們對自己沒有把握，愛在疑惑之中過活，也將因此窒息而亡。

或許在愛的起初，我們自然而然、或多或少會有些不確定，但如果讓這種心中的疑惑自始至終徘徊不去，那麼雙方又何苦浪費時間呢？

我們一定會遭遇各種阻礙，但我們必須相信我們有力量足以去克服困難，至少知道從何處去尋找答案；就好像眼前有河水阻斷去路，我們必須相信我們有力量去架橋行船，且積極去嘗試，那麼渡河而過便指日可待了。

寧可失敗之後再重新開始，也不要因爲害怕失敗而舉棋不定；因爲，假使沒有踏出這一步，我們永遠不會知道哪裡是下一步，當然更不會知道能否成功抵達終點了。

「戀愛」一詞在英文的說法爲Fall in Love，既然已經掉進愛情裡，乾脆放心享受愛的過程吧，而不要鎮日惶然猜測愛的結果，依著這樣的想法，就能減輕我們對愛情的焦慮與不安感。

心無旁騖走出自己的道路

在聽話時，細細考量自己的立場，該堅持的就要堅持，不一定要照單全收，如此才能心無旁騖地走出自己的道路。

一個人表達內心想法的方式，也是與人溝通的重要媒介，但是每個人心裡的想法卻不一定相同，我們應當尊重別人說的話，卻不一定要將之硬套在身上。

美國影視明星丹尼·湯瑪斯的女兒瑪羅·湯瑪斯本身也是一名優秀的影視工作者。她初出茅廬時，在一齣舞台劇中爭取到女主角的角色，本來以爲自己終於美夢成眞，得以成爲大衆矚目的焦點，卻沒想到隨之而來的評論，全都是和她父親相關。簡言之，她完完全全籠罩在父親的光芒之下，雖然她心中仍深深敬愛自己的父親，但卻也眞的被這樣的打擊狠狠擊傷了。

她難過地對父親說：「爹地，我無意傷害你，但是我要更改姓氏。我愛你，但是我再也不要當湯瑪斯家的人了。」

她的父親沉默了很長的一段時間，終於開口說：「我像在培育純種馬般地養育妳。純種馬比賽的時候，會戴著眼罩，心無旁騖地直視前方，完全無視其他馬匹的存在。純種馬聽得到觀衆的鼓譟，但絕不將這些噪音放在心上。牠們只想跑好牠們自己的比賽，這就是妳應該做的事。妳不要管別人拿妳來跟我或其他人做比較，妳該做的，就只有跑好妳自己的比賽。」

瑪羅第二天登台之前，收到了一份小禮物，裡面是一副舊馬匹眼罩，還有一張字條，上頭寫著：「跑妳自己的比賽，寶貝。」

這是來自一個父親的鼓勵，而這句話在瑪羅未來奔跑於人生道路上，也扮演了極爲重要的角色。

每當她的心受到外界紛擾的時候，她總會自問：「我跑的是自己的比賽？還是別人的比賽？」而後，她便能自信、穩健地踏出每一步，開創出自我的天空，她曾榮獲四座艾美獎，名列美國廣電文化名人堂。

在人生的旅途中，我們會與許多人相遇，彼此產生交集，我們會對別人下評論，同樣也得忍受別人的評論。

很多人會在我們耳邊說很多話，建議事項、批評謾罵、阿諛奉承……這些話無疑會對我們造成或多或少的影響。但是，我們在聽話時，應該要細細考量自己的立場，該堅持的就要堅持，不一定要照單全收，如此才能心無旁騖地走出自己的道路，也才不會因爲旁人的說法而亂了心神，最後在迷途之中於事無補地怨怪那些人。

正如果丹尼．湯瑪斯給自己女兒的忠告：「跑自己的比賽」，人生這場比賽是屬於自己的，想要怎麼贏，也全得靠自己。

傳遞關懷，建立幸福的循環

我們渴求獲得幸福，相對地我們也應該去為他人帶來幸福，如此才能讓幸福源源不絕地循環下去。

每個人心中，都應該會有一些對自己來說非常重要的人、讓你在乎的人、讓你深愛的人。但是，我們常常會忘記要將我們心中的在乎和關愛傳達出去。其實，每個人的心藏在肉裡，別人又怎麼能猜得中你現在在想些什麼？當然，你也猜不出別人想什麼。

既然如此，大家就別費事猜來猜去了，喜歡、關愛一定得說出口、實地去做，對方才會知道，也才會感受得到。

在美國，有一位女士曾經發起了這樣一個運動，她設計了許多藍色的緞帶，在緞帶上寫著「Who I Am Makes A Difference」字樣，意思是由我開始，爲世界創造出不同的價值。

這個運動被稱爲「藍色緞帶」，至於發起人布里姬女士則四處演講，發送緞帶，鼓勵收到緞帶的人能將緞帶轉送給家人與朋友，藉由這樣的舉動，感謝這些陪伴在我們身旁的人。

據說，藉由這個傳遞藍色緞帶的活動，改變了許多人的生命，也引發了許多感人的故事。

布里姬送了一位好朋友三條緞帶，希望他能繼續將緞帶轉送給別人。

於是，這名朋友將其中一條送給一位平常對他不苟言笑，總是事事挑剔的上司，雖然這個上司工作時的嚴厲態度，偶爾會讓他覺得沮喪，但是他卻也因此學到了許多東西，所以，他非常感謝上司給他的影響，讓他的工作能力更上層樓。

這名上司聽了感到非常訝異，因爲公司同事一向對他敬而遠之，他一直覺得自己人緣很差，以爲同事們都不喜歡他，想不到竟然還有人不計較他嚴苛的態度，反而向他道謝，並視之爲正面影響。

他依然酷著一張臉收下了緞帶，但他的心已經變得柔軟多了，終於，他微揚了嘴角道了聲謝。

布里姬的朋友另外還留下了一條緞帶，希望他的上司能將緞帶再轉送給另外一位影響他生命的人。

一整個下午，這名上司坐在他的辦公室裡，拿著緞帶一臉若有所思。左思右想之後，他決定提早下班，一回到家，他便將那條藍緞帶送給了正值青春期的兒子。

他們父子關係並不好，兒子老是關在房裡，不知在想些什麼，而他工作又忙，每天回家時間又晚，有時一整天都說不上一句話，難得碰了面，也老是爲了兒子的學業問題爭執，總是罵得多，讚得少。

那天，他敲了敲兒子房門，兒子一臉蒼白地開門，彷彿很訝異今天父親竟然這麼早就回家。他將緞帶交給兒子，同時爲了自己以往的態度道歉。

他認眞而誠懇地表示：「儘管我從未稱讚過你，也很少花時間和你相處，但是，我要告訴你，身爲你的父親，我感到無比的喜悅與驕傲，我很愛你，也以你爲榮。」

當他哽咽地說完，他的兒子竟然放聲地哭了出來。

因爲，他以爲父親一點也不在乎他，進而連他自己也不喜歡自己，恨自己沒有辦法討父親歡心，一點人生價值都沒有。就在父親敲門之前，他原本想自殺了結如此痛苦的一生，但是父親的一席話，又讓他重新對生命燃起信心，原來，自己還是一個有人愛的人。

他的父親聽了，不禁嚇出了一身冷汗，如果不是他及時地說出自己心中的想法，今天回家時，所面對的可能就是兒子的屍體了。一條小小的緞帶，一句簡單的問候，改變了一個家庭可能會發生的悲劇。

每個人的生命都有獨特的價值，而每一份關係也同樣有著難以取代的價值，珍惜這些價值，感謝那些影響我們的人，是一種愛的傳遞，也是一項極有意義的行動。

我們在失意之時，接受了來自別人的善意，讓我們重生新的勇氣，所以，我們也應該將這份善意傳遞出去，讓我們的社會中，充滿了善的循環。

並非那條緞帶上頭有什麼魔力，而是我們每個人都需要周遭的支持，藉以得到重生的力量。

我們渴求獲得幸福，相對的，我們也應該去為他人帶來幸福，如此才能讓幸福源源不絕地循環下去。

不要讓自己的輕忽變成別人的痛苦

我們或許不明白眼前的輕忽，在別人心中會造成多大的影響，一旦踏錯了這一步，就會因此踏入罪惡感的深淵裡。

有一部極受歡迎的日劇，劇情內容以檢察官的工作爲主軸，劇中主角名叫久利生公平，是一名認眞追查每一個案件的檢察官。不論案件大小，不管要花費多少時間精力，他都極力去追查任何一個可能的線索，努力不錯放一個犯人，不錯怪一名好人。

劇中有一段對白，令人印象相當深刻。

久利生檢察官發現某一個案件的嫌犯並非眞正犯人，卻因爲警方不願承擔抓錯人的輿論，而吃案栽贓被通緝，結果意外車禍身亡。最後，久利生終於找出證據，要求警方認錯，並找出眞正的兇手。

一名警官不滿久利生檢察官堅持翻案，來到地檢署抗議：「這件案子已經結束啦！嫌犯已經死了，爲什麼還要再翻案呢？」

久利生義憤塡膺地揪住他的衣領大吼：「他等於是被你害死的！我們這種工作，想要一條人命何其容易，警方、檢方，還有媒體，隨時都可以殺人不見血啊！只要我們有一點明哲保身的念頭，只要我們想大事化小，一條人命就會白白犧牲，我們又豈能忘記這樣的教訓？」

這樣坦然正義的言辭，恐怕對許多人來說都是當頭棒喝吧！不只檢察官、警察、新聞媒體，就連醫生、政客……有許多人身居令人稱羨的高位，卻忘記了他們工作原本的本質。

檢察官和警察的工作，難道不就是爲了要將作惡的人繩之以法，爲什麼會因爲一時的輕忽與粗率，而造成了許多冤案發生？

醫生和護士的工作，難道不就是爲了要濟世救人，爲什麼會因爲疏忽而造成了許多醫療糾紛？……

正如久利生所疾呼的，我們一念之差，就可能造成令人悲痛的後果，令人不得不引以爲戒。

下面這個故事，同樣是個冤案故事，但是故事主角菲力卻未能好運地遇見一位像久利生一樣的檢察官，無人相助的他只好自力救濟。

菲力與喬治在澳洲墨爾本合夥做出入口生意，賺了很多錢。有一天，菲力發覺銀行帳戶的帳目不對，一大筆應收款項消失無蹤，吃驚之餘，正想急忙找喬治一起共謀對策，卻發現喬治失蹤了。

正當他焦急萬分的時候，喬治的妻子卻帶著警察找上門來，懷疑菲力將喬治殺死滅屍。就這樣，不幸的菲力被帶回查問，並被認定有殺害喬治的嫌疑。

這樁謀殺案經過長期審訊，雖然找不到喬治的屍體，但法官與陪審團仍判菲力有罪，刑期二十年。

百口莫辯的菲力聆聽了判決，由於沒有家人朋友奔走，只得忍辱坐了二十年牢，終於被放出來。

他出獄後，第一件事就是用盡一切辦法尋找喬治；皇天不負苦心人，終於被他找到了，原來喬治一直躲在南非。

喬治當年果然是帶著情人捲款潛逃，又趁機甩掉堅決不肯離婚的妻子，他身懷鉅款、改頭換面，與情人在南非開始新生活，即使明知菲力會因此含冤入獄，他也悶不吭聲。

菲力用盡了機巧，終於將喬治帶回墨爾本，他拖著喬治來到當初起訴他的檢警面前，說道：「看，這就是那位你們證實被我殺了的喬治。」

說罷，他突然拔槍，在衆目睽睽之下射殺喬治。

這個消息震驚了世界，當全世界的傳媒去訪問菲力時，他面無表情地說：「這個人反正是該被我殺死的，只不過我預先服了刑，現在才實現我的罪行。我平白受冤二十年，當年警方爲了證實他們英勇破案而舉證我，喬治之妻爲了掩飾她的被遺棄而證實丈夫已死，保險公司爲了怕賠償而製造輿論，法庭內的法官、陪審員和律師，爲了顯示他們的英明而判我有罪，每個人都有他們私人的原因，不理會種種疑竇而判我有罪。我相信，就算我今天把喬治找了出來，證實了我的冤屈，對這些人來說，他們的歉疚充其量只會持續一兩天，然後便會煙消雲散了。唯有讓我徹底成全他們的錯誤判斷，才能讓他們嗅到自己手上因冤枉別人而染上的血腥味，唯有如此，他們才會終身自責。」

菲力又笑著說：「我犧牲了人生中最寶貴的二十年猶在其次，精神上所受的冤屈不是政府和法庭向我認錯，傳媒十天、八天的報導，人們的幾聲嘆息就可以補償回來的。我終於殺了喬治，是最能將冤獄平反的，因爲從今天起，我沒有被冤枉的感覺，我那二十年的判刑是罪有應得的。」

這樣的故事，讀後足以令人省思，我們是否也是如此，經常在不知不覺當中，只爲了掩飾自己的過錯、佔據一點點自私的利益，因而將他人的生命與尊嚴踩在腳底？

我們或許不明白，眼前微不足道的輕忽，在別人心中會造成多大的影響，但是因果循環，一旦我們踏錯了這一步，或許我們就會因此踏入罪惡感的深淵裡。

俄國文豪托爾斯泰曾說：「只要一個人願意誠實面對自己，願意虛心接受別人的批評，他就會是一個傑出的人。」

無論從事什麼行業，每個人都應該誠實面對自己，千萬不要讓自己的輕忽變成別人的痛苦。

你可以阻止讓自己痛苦

我們並沒有辦法阻止別人說，但我們應該儘量要求自己別聽，以免自己痛苦；最好也不要隨便說，以免讓別人痛苦。

相信許多人在面臨大考選填志願時，一定也有過相同的經驗，許許多多的長輩、朋友紛紛來提供自己的意見，結果到最後，考生本人的意見反而變得一點都不重要了，大家都忘了這是屬於考生自己的未來，當然應該由他自己去決定。

即使是一個人只說一句、只問一句，累積起來也是很不得了的，更何況有些問題在我們來說可能是「解一時之惑」，不知不覺就脫口而出，在對方聽來可能卻是「沒事找事」。

曾經有過這麼一則寓言，我們應該引以爲鑑，別在不知不覺中成了一個「無故找麻煩」的人了。

有一隻青蛙看到一隻蜈蚣走來。牠心想著，自己用四隻腳走路已經夠麻煩的了，那蜈蚣用一百隻腳走路豈不是煩上加煩？想到這裡，牠就覺得非得去請教請教，問問看蜈蚣到底是怎麼走路的。

於是，牠叫住了蜈蚣，問道：「請問您走路時到底先走哪一隻腳？您又怎麼知道哪一隻腳應該先走，哪一隻腳應該後走呢？」

蜈蚣說：「我一生都在走路，從未想過這個問題。現在我必須好好思考一下才能回答你。」

結果，蜈蚣站在那兒想了好幾分鐘後，發現自己一步也動不了。牠不知道該先走哪一隻腳才是對的，搖晃了好一會兒，終於倒了下來。

最後，牠告訴青蛙：「請你不要再去問其他蜈蚣同樣的問題。我已經無法控制自己的腳了！」

義大利作家普拉托里尼曾經提醒我們：「紡錘也會不準，甚至鏡子裡出現的形象也和實體不一致，教皇也會有說錯話的時候。」

人生最大的悲哀，莫過於被別人的話語牽著鼻子走，以別人的意見爲意見，卻一點也不想改變這種慣性。

天外飛來一問，讓蜈蚣無故惹上煩憂，實在倒楣。其實，淨想著無謂的問題而讓自己困擾，又是何苦呢？

或許，我們並沒有辦法阻止別人說，但我們應該儘量要求自己別聽，以免自己痛苦；如果可以的話，最好也不要像故事中的青蛙那樣隨便說，以免讓別人痛苦。

口耳相傳，就是隨人瞎掰

明明是子虛烏有的事，卻被說得像是煞有其事；明明是芝麻小事，卻被渲染成天下大事。這就是傳聞的可怕。

曾經有一個綜藝節目很愛玩的遊戲，先讓藝人們分別戴上耳機，然後要求每一個藝人含著水說話，看看一句話能否正確地傳達到最後一個人。

透過這個遊戲，我們不難發現，在傳話的過程當中，如果訊息不夠完整，將會被不同的人曲解成各種不同的結論。因此，口耳相傳到最後，往往會誇大、誇張到令人難以想像的地步。

據說有這麼一個笑話，在一個軍營裡，營長對值班的軍官說：「明天晚上八點鐘左右，這附近可以看到哈雷慧星，這種慧星每隔七十六年才能看見一次，相當難得。所以，傳令下去，明天晚上所有士兵穿上野戰服到操場上集合，我將爲大家解釋這個罕見的天文現象。如果下雨的話，就改在禮堂集合，我會播放一部慧星的影片。」

於是，值班軍官立刻執行命令，向連長報告：「根據營長命令，明晚八點，七十六年出現一次的哈雷慧星將在操場上空出現。如果下雨的話，就讓士兵穿著野戰服前往禮堂，這個罕見的現象將在那裡出現。」

連長聽了表示理解，而後對排長下令：「根據營長命令，明晚八點，非凡的哈雷慧星將身穿野戰服出現在禮堂。如果操場上下雨的話，營長將下達令一個命令，這種命令每隔七十六年才會出現一次。」

接著，排長對班長說：「明晚八點，營長將帶著哈雷彗星在禮堂中出現，這是每隔七十六年才會有的事。如果下雨的話，營長將命令哈雷彗星穿上野戰服到操場上去。」

班長對士兵說：「明晚八點下雨的時候，著名的七十六歲的哈雷將軍將在營長陪同下，身穿野戰服，開著那輛『彗星』牌汽車經過操場前往禮堂。」

再繼續說下去，哈雷慧星不知道還會和營長發生什麼誇張的事行。

有時候，我們自以爲理解別人在說些什麼，但是事實上卻是一知半解。當我們在重新傳達的時候，又會由著自己的想法加油添醋，結果，「吐出鵝毛般的血絲」傳到後來，便會變成「吐出一隻鵝」來。

在說八卦和聽八卦的同時，我們能深切體認到人類的無窮創造力和想像力。明明是子虛烏有的事，卻說得像是煞有其事；明明是芝麻小事，卻被渲染成天下大事。這就是傳聞和流言的可怕。

作家赫伯特曾經說過：「那些只會嚼舌根、談是非的人，就像池塘裡的青蛙一樣，成天喝水而且聒噪不休。」

這樣的人顯然是庸俗的，讓人打從心裡瞧不起的。

正所謂「謠言止於智者」，若是不想要變成傳聞接龍中的一份子，最好的方法就是在聽到傳聞的時候，不立刻全盤相信，抱持著懷疑的科學態度，仔細檢驗傳聞的真實性。

此外，那些連自己都覺得太過誇張的言論，就別輕易地幫忙散播出去。

奧地利作家茨威格曾說：「頭腦和心靈最忌空虛，一空虛就會盲目，就會人云亦云，做出種種讓人訝異不已的荒唐事情。」

我們要當個有智慧的人，而不是當一個人云亦云的人。

9.

遇上困境，不妨換個角度省思

跳出問題的框框，
以客觀的角度去琢磨不同的情境，
我們就能重新面對過往以為的絕境，
並找到新的出路。

心中有愛，就該讓生活更精采

真正彼此關心疼愛的人，不會以死亡來牽絆對方。真心的喜歡，是希望對方活得幸福，活得快樂，不論自己是不是能夠同享。

人的生命總有盡頭。人的一生，最有意思之處，在於我們不會知道生命的盡頭在何處。或許是在遙遠的未來，或許就在下一瞬間。

既然人生有限，人與人之間相處的時間有限，那麼，爲什麼要耗費我們有限的時間相互爭吵、批鬥、排擠呢？爲什麼總將財富、物質、名利之類的事放到生活的最前端呢？

有一對老夫婦，結縭數十年，感情一直相當好。但是，在老先生病重之後，分別的時刻終於來到了。

老先生在臨終時對妻子說：「答應我一件事。」

老太太緊握著丈夫的手，說道：「我答應你，什麼事都答應你。」

老先生以最後的氣力對老太太說：「答應我，妳會好好地活下去，快樂地活下去。」

老太太只能含淚點頭，目送丈夫離世。

一日早晨，她站在院子裡發呆，望著一輪紅日冉冉從地面升起，看起來是如此鮮活、明亮，嶄新得如同新生的嬰兒。四周的景物都漸次地被鍍上了一層耀眼的金芒。

老太太的心被打動了，這畫面多美，那種以前每天和丈夫一同欣賞日出時的感動，似乎又重回乾涸的心靈。

老太太輕輕地對自己說：「是的，我要好好地活下去，要繼續快樂地活下去。」

第二天起，老太太買來畫筆、畫紙，然後開始把自己的所見所聞在畫紙上記錄下來。

從七十多歲開始，過往從沒學過畫畫的老太太，日日夜夜地作畫，一直到她去世爲止，共完成了一千六百多幅畫作，畫作裡的生命力，鮮活地令人動容。她在自己的自傳中寫道：「我很快樂，也很滿足。我用我的生命去完成我的所能。生命是用來創造的，過去是這樣，未來也是這樣。」

故事中的老先生和老太太，幸運地能夠相陪走過一段好長的旅途。他們是彼此最佳的同行夥伴，一起度過許許多多的美好片段，但是，再如何不甘心、不情願，人生旅程總是有人先走完，先下車。留下來的人，縱然有再多的不捨，也只能選擇接受。

在梁山伯死後跟著赴死的祝英台，固然留下了淒美的結局，但是，如故事中的老太太一般，認眞且眞心地活過餘下的日子，不是更有意義？

眞正彼此關心疼愛的人，是不會以死亡來牽絆對方的。如果你眞心喜愛一個人，你會希望對方終日以淚洗面，痛苦萬分嗎？眞心的喜歡，是希望對方活得幸福，活得快樂，不論自己是不是能夠同享。

大仲馬寫過十分動人的一段話：「我們相愛太深，所以，從我們要分手的這個時刻起，我的靈魂一直要伴隨著你，跟你在一起；你的靈魂也伴隨著我，跟我在一起。你悲傷的時候，我會覺得我的心也充滿了悲傷。你想起了我，微笑的時候，你要知道，我會看到你那愉快的笑容。」

若兩個人眞心誠意地相愛，愛到結髮牽手、彼此不分，那麼，再遠再久的分離，也不過是一段小別，終有重逢相聚的一天。

不會做夢的人最可憐

人生有夢，才能築夢踏實。假使連一個小小的夢想都不想去奢望、祈求，人生實在再可悲不過。

人生當然不應該一味地沉浸在夢幻裡面，總是得面對生命裡的各種現實情境。

但是，一個人如果連做夢都不會，豈不是太過無聊了？

不管心裡存有什麼樣的夢想，只要它仍然在我們的心裡運作，我們就有更多勇氣面對明天的生活。

安德莉亞是個愛做夢的小孩，在她的同伴夢想以後成為老師或秘書的時候，她的夢想是成為一個電影明星。

親友們全都認為她太愛做夢了，夢想不能當飯吃，總有一天得要清醒，過現實的生活。

但是，安德莉亞並不這麼想，她決心要追求自己的夢想。所以，她一成年，就決定要前往夢寐以求的羅馬生活。

她總是自信滿滿地對朋友說：「我深信我將會遇到一個英俊的義大利王子，我們將會瘋狂地相愛。」

這番話當然受到不少的訕笑，但是她不以為意。

她來到羅馬之後，擔任一戶人家的褓姆，每天都會帶著照顧的小孩外出散步。其中，她最常去的地方是特雷維噴泉。

據說，在這個噴泉裡擲入一枚硬幣，日後便能重回羅馬，扔兩枚硬幣則能夠找到眞愛。安德莉亞已經在這座噴泉裡花上一大筆錢了，因為她每回經過噴泉池，都會投入兩枚硬幣，然後認眞祈求自己能夠早日找到眞愛。

她寫信告訴朋友這件事，朋友還特地回信要她別傻了，不如把錢存下來，還可以貼補一些生活花費。但安德莉亞依舊堅信自己的夢想，一味執著。

有一日，她又對著噴泉擲錢幣、祈禱。這時，有兩位兩輕人注意到她，其中一位走過來問她：「妳是觀光客嗎？看來妳眞的很想回到羅馬，不然就不會扔兩枚硬幣了。」

安德莉亞望著那位淺褐色頭髮的年輕人，說：「一枚硬幣是爲了返回羅馬，兩枚硬幣則是爲了找到眞愛。」

那名年輕人頗有興味地問：「妳想在度假的期間找到眞愛？」

安德莉亞回答：「我住在羅馬，我喜歡羅馬。我一直夢想著能在這裡與某個人墜入愛河，我相信我一定能夠找到我的眞命天子，我更相信我的夢想總有一天會實現。」

三人相談甚歡，還一同去喝了咖啡。後來，安德莉亞才知道，原來和她說話的年輕人馬塞羅，正是羅馬足球隊的職業球員，而且是位足球明星。

安德莉亞和馬塞羅陷入熱戀，並且很快地結婚了，婚後育有三名子女。安德莉亞想要看遍世界、找到眞愛的夢想，幾乎已經實現了一大半。

當一個人懷有希望，信念就會成爲行動的推進力。安德莉亞的夢，在許多人看來或許不切實際的白日夢，但是對她而言，那是她每一天生活結存下來的利息。依靠著這份利息支撐，她就能夠積極地面對眼前尚不完美的人生。

沒有人能夠肯定地告訴你我，我們的夢能不能夠像安德莉亞一樣成眞，但是，只要我們始終朝著夢想和希望前進，一點一滴地累積自己的力量，那麼，我們至少能夠逼近內心的夢想。我們會不斷地前進、不斷地攀升，在新的立足點上重新編織更美更好的夢想。

人生有夢，才能築夢踏實。假使連一個小小的夢想都不想去奢望、祈求，人生實在再可悲不過。

遇上困境，不妨換個角度省思

跳出問題的框框，以客觀的角度去琢磨不同的情境，我們就能重新面對過往以為的絕境，並找到新的出路。

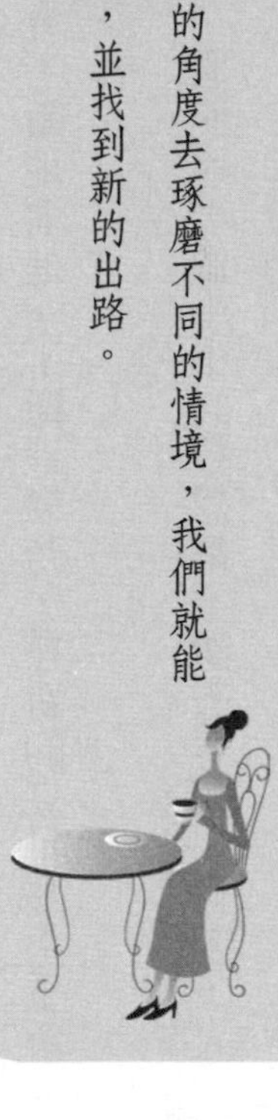

生命中有些困境，就像大雨中的泥淖，當我們不小心陷落進去時，總不免神經繃緊，感到難以忍受。

這時該怎麼辦？繼續停留在原來的位置，勢必會不斷加重這樣的情勢，直到壓力加磅至臨界點。

如果不試著改變自己，轉移注意力與焦點，我們將會被情緒全盤主宰，甚或會失去原本的判斷力。

經過又一次的發怒，這一次薇若妮卡真的決定離家出走了。

她提著皮箱，一路往車站走去，心想自己這下終於自由了，再也不會有誰在她耳邊管東管西，東唸西唸，不許這、不許那。她終於成爲自己的主宰，高興去看電影就去看電影，高興上館子就上館子，再也不用等這個人回應、聽那個人的意見了。

薇若妮卡一邊走著，一邊說服自己——自己做了再正確不過的決定。

忽然，她覺得背後好像有什麼聲音，可是再仔細聽卻又聽不到了。她疑心了一下，停下腳步，把皮箱換到另一手提著，卻沒有勇氣往後看，加緊腳步繼續朝車站的方向走去。

好不容易，看到車站的燈光了。薇若妮卡喘著氣在椅子上坐下，整個偌大的車站，此時此刻，除了她竟沒有半個旅客。她把皮箱拎在身側，渾身打了個哆嗦，仰頭一看，原來下雪了。

薇若妮卡這才發現，自己竟然連一件外套也沒帶，此刻皮箱裡除了幾件換洗衣物和一點旅費以外，什麼也沒有，連想拿件衣服出來禦寒都很難。

第二次，薇若妮卡覺得自己的決定好像不是那麼聰明了。

想了好一會兒，雪越下越大，凍得全身發抖的薇若妮卡倏地站起身來，拎起皮箱就往來時的路上走。一邊走，一邊細碎地唸著：「我幹嘛讓那個傢伙待在火爐邊看電視，而自己跑出來吹冷風？要走也是他走，我幹嘛自討苦吃？什麼自由、什麼離家出走嘛！冷死了！」

走著走著，她突然害怕了起來，因爲剛才的怪聲音竟然又出現了，而且好像越來越靠近。

「會不會是熊呢？還是野狼呢？我的天啊！老公啊，你在哪裡？我好怕哇！」

薇若妮卡完全止遏不住自己的想像，於是害怕地狂奔了起來。

一邊跑著，一邊聽著自己如雷的心跳聲，但那個怪聲依然緊緊相隨。眼看家門就在前方，薇若妮卡還來不及放下心來，就感覺到有個影子閃過，她立刻大叫：

「老公！救命啊！」

一個熟悉的聲音從她背後傳來，「怎麼啦？我在這兒，別怕！」

薇若妮卡轉身撲進丈夫懷裡，感覺到丈夫溫暖有力的手緊緊抱住了她，這才漸漸平復了下來。

她囁嚅地問：「你怎麼會在……」

丈夫回答：「我一直跟在妳後頭。」

經過幾秒鐘的沉默，薇若妮卡開了口：「幫我把皮箱提進去吧。」

跳離原本被困住的問題與情境之後，總算讓薇若妮卡重新去思考自己本身的感受，以及真正想要的結局。

當你的生命遭遇困境，如果能夠抽身而退，跳出原本的窒礙，回頭再看，很多問題可能都不再是問題了。

不要讓自己的眼界、視界範圍縮小，將焦距拉得過近，我們有時反而看不清全貌。在這樣的情況之下，做任何判斷與決定，都是一種沒有把握的冒險。

俄國作家羅曼諾索夫曾說：「為了能夠做真實和正確的判斷，必須使自己的思想擺脫任何成見和偏執的束縛。」

跳出問題的框框，以客觀的角度去琢磨不同的情境，我們就能重新面對過往以爲的絕境，並找到新的出路。

善用觀察傾聽，有助釐清思緒判斷

茫然於未來，或是為眼前的困境苦惱，先別急著抓狂，冷靜下來觀察周遭的情況和自身的狀況，相信很快就能找到因應的方法。

不管是夏洛克・福爾摩斯，還是名偵探柯南，他們高竿的推理本領，總是讓人看得嘖嘖稱奇。甚至只消和他們進行十分鐘的談話，他們就可以猜出對方大致的生活概況，不管是從事什麼樣的職業或是有什麼樣特殊的習慣，都可以判斷得奇準無比。

有些人被路邊的算命仙叫住，很快就因爲算命仙口中道出種種關於自己的想法給嚇了一大跳。很難相信算命仙不過將自己的手掌翻來覆去瞧了幾遍，就能夠把身邊的事情說出十之八九。

眞的有那麼神奇嗎？其實，名偵探和算命師使用的技巧都一樣，就是用眼睛觀察、用耳朵傾聽。只要問對了問題，就可以直達眞相的核心。而後再運用邏輯推理與歸納，將所獲得的各種資訊加以整理，自然就能說出許多藏在表相下的答案。

在美國有一個很受歡迎的節目，名爲《我是幹什麼的？》，透過主持人的提問回答，讓現場的觀衆猜猜看來賓是從事什麼樣的職業，猜中者可以獲得大獎。這個節目播出二十幾年來，收視率都居高不下。

艾琳是節目的忠實觀衆，但是讓她很懊惱的是，每一次她都猜不中來賓任職的行業到底是什麼，甚至很難從回答當中聽出蛛絲馬跡。一直猜不中讓她感覺有點沮喪，於是磨著經常猜對的老公，問他到底有什麼秘訣。

最後，她老公被煩得沒辦法，只好說：「我也不知道有什麼秘訣啦，不過有一件事我覺得很重要，就是，一定要在來賓說話的時候仔細地聽。仔細傾聽，可以聽出很多訊息來。」

後來，艾琳依著老公的建議去嘗試，果然比較能夠掌握來賓在回答主持人提問時候的一些特殊的反應，猜測來賓的職業，命中率就因此高了許多。

自從傾聽發揮效用以後，艾琳發現了許多因此而帶來的好處。

有一回，她和一名老太太在雜貨店聊天，知道對方因爲關節炎即將遠行到某一個溫泉勝地度假兼療養，回家後就烤了一點餅乾糕點讓老太太帶走，一路上可以塡塡肚子。

當時老太太臉上欣喜和訝異的表情，讓艾琳久久不能忘懷。而老太太度假回來時，竟特地爲她帶來十分珍貴且少見的紀念品，更使她覺得受寵若驚。

一點點小小的關心和善意，一點點小小的留意和付出，竟能獲得如此大的回報。自此以後，艾琳更加堅定要善用自己的耳朵，專注留心傾聽，在能力範圍內貼心爲他人設想。

艾琳相信，透過傾聽，她將能從別人的話語之中得到更多。

雖然，大部分的人都擁有正常的視力與聽力，但是，事實上，眞正耳聰目明的人並不在多數。想要心想事成，就必須先調整自己看待事物的心情。

很多時候，我們雖然在看、雖然在聽，但卻流於聽而不聞、視而不見，可能看不見父母子女低落的心情，也可能聽不見情人心底的抱怨。事實上，每一件事情都是有跡可循的，只要我們用心去看，用心去聽，我們就能夠如同故事中的艾琳，發現更多、了解更多，也就能夠在待人處事的過程中得到更多。

法國作家羅曼・羅蘭說過：「應當細心地觀察，為的是理解；應當努力地理解，為的是行動。」

經過仔細傾聽與觀察，而後深入地去理解，我們的行動也就能夠得到更加明確的方向。當我們茫然於未來，或是爲眼前的困境苦惱，先別急著抓狂，試著調整自己的心情，冷靜下來觀察周遭的情況和自身的狀況，相信很快就能找到因應的方法。

引導比責罵更有效

首先稱讚對方的優點，然後再慢慢道出他的缺點，如此效果會來得好一些。把這個方法用到公司、工廠或家庭，都能收到效果。

日常生活中，很多讓人惱怒的事情，實際上都是可以透過調節心情加以化解的。教育孩子也是如此，動不動就生氣，就像提著汽油滅火，只會擴大事端。

大多數經常斥責孩子的父母，除了修養不好之外，還常常忽略了引導的重要性，因此才會搞不清楚狀況就大發雷霆。

孩子通常喜歡誇張的表達方式，誇張的目的，有時候是爲了吸引大人的注意，但也有些時候是爲了轉移焦點或是規避自己犯下的錯誤。

如果成人不能耐著性子把孩子的話聽完，以引導的方式讓他們把心裡的話說出來，恐怕會不慎做出錯誤的判斷。

有一天下午，三年級的瑞格爾無精打采地放學回家，一進家門就對著母親抱怨。他高聲地吼叫著：「哼，我們老師壞透了，她今天對我很兇，像個巫婆一樣罵我，眞的讓我很生氣，明天起，我再也不想上她的課了。」

他的母親正在準備晚餐的菜餚，聽完後靜靜地看了他一眼：「是啊，老師大聲罵學生確實不太好，讓你在同學面前丟臉，難怪你這麼生氣，沒有一個小孩喜歡被罵的。」

瑞格爾覺得媽媽果然是站在自己這邊，一時間激動不已，竟然讓忍了許久的眼淚掉了下來，而且越哭越傷心。他的媽媽又問：「老師只罵你嗎？還是有別的同學也被罵了？」

「亨利也被罵了。」

「這樣啊，亨利向來是個很懂事的孩子，他一定也忍不住氣哭了吧？」

「沒有，亨利沒有哭，喬依絲哭了。」

「怎麼會這樣？喬依絲也挨罵了啊？」

「不是。今天下午我抓到一隻好大的七星瓢蟲，本來想放在書包裡，結果亨利拿去偷偷放在喬依絲的口袋裡，上課的時候，瓢蟲爬了出來，喬依絲就在教室裡大哭大叫起來。」

瑞格爾的媽媽故意說：「我看老師是罵錯亨利了，一隻七星瓢蟲有什麼了不起？喬依絲會不會是故意哭叫的？」

瑞格爾連忙說：「不是啦，喬依絲本來就特別怕小蟲，我跟亨利說別放在她口袋，但是他不聽。」

「哦？那你想放在哪裡？」

「我原本要放在班克羅的書包裡，他不會那麼怕，就不會那樣叫了。」

「這樣啊，你抓到蟲就是爲了想捉弄同學嗎？」

「只是想開個玩笑嘛，誰知道喬依絲嚇得哭叫起來。」

「我想，要是你們不在這個老師的課上玩，就不會被罵。」

「嗯……要是數學老師的課，恐怕會被揪著耳朵罵，那樣更慘。」

「這樣說起來，你們就是看準『巫婆』老師不會對你們怎麼樣，所以才放心大膽的玩囉？」

瑞格爾支吾地說不出話來，最後只能不好意思地低下頭來。

潛能專家戴爾．卡內基說過這樣一段話，他說：「首先稱讚對方的優點，然後再慢慢道出他的缺點，如此效果會來得好一些。把這個方法用到公司、工廠或家庭，都能收到效果。不管是對妻子、對小孩、對雙親，甚至對全世界的人，都是讓人聽得進去的。」

顯然，瑞格爾的媽媽便是善用此招的箇中高手。

她先以同理的態度，站在瑞格爾這邊，完全附和瑞格爾的話，讓他自己將事情的本末原原本本地道出，而後再從他的證詞之中，找出問題的癥結點。其中最高明之處，莫過於她從頭到尾沒有一句重話，而是利用引導的辦法，讓瑞格爾自行體會出事情的是非對錯。

在孩子的心裡面，其實自有一種道德判斷規準存在，他們知道什麼是對、什麼是錯。如果成人過於高壓強勢，執意要他們順從，有的時候，小孩子的反抗心會因此被燃起，自然容易造成親子間的衝突。

成人在處理兒童問題時，最忌諱以成人的霸權心態施壓，不聽孩子說話。千萬別急著罵孩子，而是多引導他們自己思考是非對錯，如此才能眞正讓正確價值觀念在他們心中成形。

真正的愛情，沒有固定形式

真正的愛情沒有固定的形式，兩顆心能夠不斷貼近，兩兩相依才是最核心的價值。

常有人說：「有愛的婚姻才是眞幸福。」

婚姻是種形式，任何人只要彼此簽下結婚證書，舉行婚禮儀式，便是世人認同的夫妻。但是愛情不同。愛要如何觀察？又要如何鑑定？婚姻裡的愛情，又是什麼模樣？

有一首歌這麼唱：「也許你覺得卿卿我我，才能表示情深意濃，所以你說我忽冷忽熱、難以捉摸；兩情若已是天長地久，何必在乎朝朝暮暮？問你是不是真心真意與我同行，且共度白首。」

有些愛情，是無須刻意去說的。

費爾德有一次提起自己的父母時，這麼說：「小時候，我覺得自己的爸媽和別人家的父母都不一樣，他們彼此之間從來沒有什麼親暱的話語，也沒看見他們相互親吻，我總不免猜想他們是不是感情不好。要是有一天他們倆離婚的話，我該怎麼辦？」

說到這裡，費爾德話鋒一轉：「可是，十歲那一年的夏天，讓我改變了原本的想法。那一天，突然打雷下起大雨，雨水下到把河堤都沖垮了，整個村莊立刻變成水鄉澤國。我很快就被抱到閣樓上躲好，那時停電了，四周黑洞洞的，我又冷又怕，於是攀上窗沿，想要看看爸爸媽媽在哪裡。一陣閃電劈了下來，照亮了院子，我看見爸爸媽媽站在洪水浸漫的院子裡，媽媽一手抓著爸爸的衣服，一手抱著一窩從倒塌的雞棚裡救出來的小雞；而爸爸則一手摟著媽媽的肩膀，一手抓著一隻剛生下來的小羊。」

費爾德將目光放遠，遙想似地說：「那個畫面我永生難忘，我覺得，那是我看過最親愛的一對夫妻了。他們彼此依附著彼此，在風雨之中相互依賴、相互支持，告訴這個世界，沒有什麼事能夠將他們分開。」

有些人日復一日地想要追尋自己的眞愛，同時爲自己的愛情設下高度的標準，認爲眞正的愛情應該如何纏綿悱惻，又如何可歌可泣。可是，那些電視劇裡的愛情故事就是愛情的所有樣貌了嗎？那些來自於其他人的浪漫史和際遇經驗，就是理所當然的愛情模樣嗎？

所有的男孩都該在雨中癡心等待女孩開窗？所有的女孩都該在男孩渾身汗臭時遞上手帕毛巾？所有男孩女孩都應該到世界中心去呼喊愛情？

不論現今有過的愛情故事有多少種面貌，你的愛情都可以是全新的另一種。正如同故事裡的父母，他們的言行沒有一般親密夫妻該有的舉動，但是，他們把全副的心思都放在對方身上，將對方視爲自己一生中最重要的存在，事實上，這就是一種極致深刻的愛情表現了。

你的情人不會談情說愛嗎？你的戀人總是不解風情嗎？如果有一天，你的愛人變成了傳說中的戀愛達人，就什麼問題都沒有了嗎？

眞正的愛情沒有固定的形式，兩顆心能夠不斷貼近，兩兩相依才是最核心的價值。別再流於形式主義了，這輩子，我們要致力追求的是「愛」，而不是「愛情的樣子」。

英國詩人伯朗寧曾寫道：「把愛拿走，我們的地球就變成一座墳墓了。」

或許我們眞正該在乎的，不是別人該如何來愛自己，而是自己可以如何去愛人。

處罰的目的在於警惕

透過專業教育，人可以成為一部有用的機器，但不能和諧發展。
使學生對價值有所理解並產生熱烈的感情，那是最基本的。

處罰的目的不是爲了折磨孩子，而是讓他有所警惕。讓孩子知道錯在哪裡，比一再強調不對來得更重要。

與其一味批判他們的不懂事，怒氣沖沖斥責他們不成材，不如實際教導他們哪一條才是正確的道路。

把每一種未來攤在眼前，供他們去自我選擇，如此孩子才能走得心甘情願，也才能從追尋未來的旅途中，獲得自己需求且樂於擁有的寶藏。

派翠西．沙利文來到農場邊緣的一幢舊農舍查看，發現一塊窗子的玻璃被打破了。推開農舍前門一看，才知道兒子的一輛自行車也被人偷走了。雖然兒子早已結婚離家，但是損失就是損失，於是派翠西便向當地警察局報了案。

第二天，警官來電說抓到犯人了，請派翠西到警局一趟，協助調查。來到警局，派翠西一時間愣得說不出話來。因爲「犯人」是兩個看起來不過小學生年紀的男孩，他們顯然也被自己眼前的景況嚇到了。兩個人頭髮蓬亂，衣衫也沾滿了污漬，瞪著一雙大眼，看在派翠西眼裡，實在覺得他們像是飽受驚嚇的小松鼠。

派翠西很快就做了決定，她對警察說：「我可不可以要求他們兩個替我工作一個春天，用以抵扣他們該賠償我的損失？」

警官瞇眼望著派翠西，彷彿她是個腦袋不清楚的老女人，他要派翠西再考慮，因爲這兩個少年可是街上的麻煩人物，就連他們的家人都拿他們沒辦法。

但是派翠西對於自己的決定非常堅持，最後在法官的裁定之下，兩名少年必須爲派翠西工作三個月，期間每個星期都會有社工人員前去負責評核檢查。

就這樣，社工員帶著兩個小男孩跟著派翠西回到她家，告訴他們每天早上七點半到她家來報到，就從隔天開始。

第二天一早，派翠西就被門鈴聲吵醒，開門一看，兩個上衣單薄的男孩站在門前，被冷風吹得發抖。派翠西立刻把他們帶到溫暖的廚房，用吐司、雞蛋、牛奶餵飽兩個男孩，吃飽以後才一起到花園裡工作。

派翠西讓孩子們幫忙鬆土，然後再把植物的種子放進鬆好的土堆裡。男孩們認命地戳著土鏟，一點一點把凍了一整個冬天的泥土挖鬆。挖土的工作雖然簡單，但也耗費力氣，不過兩個男孩倒是沒有怎麼抱怨。

工作了一上午，派翠西對於自己的決定感到滿意，她從兩個孩子的談話中，發現他們都是低收入家庭的孩子，其中一個的父母離異，另一個則是父親早逝。

派翠西認爲他們只是缺乏教養，本性並不壞，而她願意伸手幫點小忙。

但是，她第二天就感到些許後悔，因爲兩個男孩來到她家門口，拿了一條蛇打算送她，差點把她嚇個半死。

幸好，她很快就恢復鎮定，表情凝重地告訴兩個男孩，三分鐘內把蛇拿到花園裡放掉，否則他們以後就只剩下工作的份，別想有任何好吃好喝的。

派翠西的反應沒達到男孩們預期的效果，讓他們覺得有點無聊，再加上派翠西做的早餐好吃得不得了，所以他們立刻決定乖乖地照做。

男孩們跟著派翠西在花園裡、菜田裡工作了一整個春天，無形之中也學到不少以前未曾留意過的知識，不知不覺地越學越起勁，還反過來經常纏著派翠西問東問西。

三個月時間很快過去了，社工人員很訝異兩個男孩的改變。「刑期」結束之後，兩個男孩還是經常來拜訪派翠西，不時幫著她在田裡幹點活，一窩就是大半天時間，偶爾也會特地來現一現進步神速的成績單。

派翠西很高興自己的努力有了成果，更開心看到兩個男孩日漸成熟，一點一點地發現自身的才能，也找到自己樂於投注時間的領域。

那種感覺，就好像一顆原本不起眼的小球根，經過陽光、泥土、清水的培育後，終於能發芽茁壯、開出艷麗的花朵。

有一句話說：「給孩子釣竿，教孩子釣魚，而不要光是給他們魚吃。」這說得確實正確。大人不可能永遠將孩子保護在懷裡，剝奪了孩子學習的機會，日後將令孩變成好逸惡勞的年輕人，以及無所事事的中老年人。

科學家愛因斯坦說：「用專業知識教育人還不夠。透過專業教育，人可以成為一部有用的機器，但不能和諧發展。使學生對價值有所理解並產生熱烈的感情，那是最基本的。」

教育的目的，不只是爲了培育出具有專業技能的人，更要孕育一個眞正的社會人，能夠爲社會服務，同時融入社會。若每一個人都能安居於自己的定位，找到人生的方向，整個社會就不會產生偏斜了。

成長，來自肩負責任的力量

在人生中，痛苦是迫切需要的，因為只有在憂愁的烈焰中，一個人才能認識自己內在的自我。這個自我是永恆的。

每個孩子都得學會長大，而幫助每個孩子真正成熟的關鍵，就是讓他們開始學會負起一些責任。

當他們的肩上有責任、義務必須完成的時候，我們將會發現，他們擁有著超乎想像的潛力。

有一天晚上，愛迪剛回到宿舍就接到母親出車禍的消息，她立刻馬不停蹄地趕到醫院去。到了醫院，她的奶奶正在手術房外面等著，看到愛迪，連忙走過來抱住她，兩個人哭得聲淚俱下。

一段時間之後，手術結束，護士來告訴她們，病患正在恢復室休息，等一下會直接轉到加護病房，然後她們就可以進去探望她。奶奶對愛迪說，不管在什麼樣的情況下，都不要在媽媽面前哭，否則媽媽一定會感到很驚慌。愛迪點點頭，她心裡雖然明白奶奶說的是對的，但是自己的眼淚卻怎麼也止不了。

終於，護士出來說可以探視病人了。奶奶和愛迪一起走進病房裡，看見躺在白色病床上的媽媽。

愛迪覺得自己的胃在翻攪著，因爲眼前的媽媽看起來很可怕，頭上、腰上、腿上都是繃帶，隱約露出來的肌膚、臉頰都腫脹得驚人，喉嚨裡插著管子，手上也吊著點滴，全身上下幾乎無一處完好。

愛迪走到床邊，把手放在媽媽沒有插針管的手上，輕輕開口喊了一聲：「媽媽。」媽媽勉力掙開腫脹的眼，直直地看著她，眼神很激動。

愛迪覺得眼淚已經快在眼眶裡打轉了。媽媽的手有氣無力地拍著床，愛迪知道媽媽想要對她說些什麼，卻沒有辦法說出來。

她連忙對媽媽說：「媽，沒事了，一切都沒事了，我會在這裡陪妳。」她不斷地輕聲說話，好不容易才把媽媽安撫下來。

這時候，護士過來表示探視的時間到了，家屬必須先暫時離開，以免妨礙治療和病人休息。愛迪感覺到媽媽的手抓住了自己的一根手指，她知道媽媽不希望她離開，於是只好說：「媽，妳放心，我沒走遠，我就在房門外，等一下可以再進來的時候，我會第一個進來。」

一離開病房，愛迪便抑止不住，無聲地哭了出來。她的心好痛，她知道媽媽正承受著多大的痛苦，更害怕獨自一個人待在一個全然陌生的環境裡。但愛迪也知道，現在她是媽媽唯一的支柱，所以她得表現得堅強，不能哭哭啼啼，更不能垮掉。奶奶摟了摟愛迪的肩，說：「好愛迪，乖孩子，妳做得很好。」

車禍事件後，愛迪的人生有了改變。她不再只是個天真無知、什麼都不用理會的小孩。她必須要負責照顧身體尚待恢復的媽媽，也必須要陪媽媽做肢體復健。

剛開始的時候，除了餵媽媽吃飯、還要協助媽媽洗澡、上廁所，所有家事都要由她一手包辦。

雖然奶奶有時也會過來幫忙，但是大部分的事情還是要由愛迪一個人負責。

以前的愛迪，會爲了學校一點摩擦或雞毛蒜皮的小事而覺得怒氣沖沖；現在的愛迪已經沒有時間去計較那些，她只希望媽媽能夠早點恢復健康。

以前的愛迪動不動就會擺出一張臭臉，不想理人；但是現在的愛迪天天都要自己露出快樂的笑臉，因爲她知道，只要自己笑得夠開心，就能讓媽媽的心情更好一點。

就好像故事裡的愛迪，原本是個茶來伸手、飯來張口，飽受疼愛的孩子，什麼事都不用做的她，學不會眞正的體貼與關懷，只知道她可以不斷地要求。

但是，當她發現自己得要負擔起照顧媽媽的責任時，她便表現出了性格中最堅強的一面。

印度諾貝爾文學獎得主羅賓拉納特・泰戈爾如此說道：「在人生中，痛苦是迫切需要的，因為只有在憂愁的烈焰中，一個人才能認識自己內在的自我。這個自我是永恆的。」

每一個孩子都有自己的成長路要走，成人過度地保護或是過度的忽略，都等於是剝奪孩子學習成長的自由。給孩子們更多對自我負責的機會，這些經驗，將會幫助他們形塑未來。

10.

讓自己的想法決定自己的去向

何苦執著於什麼樣的形式才是真愛，
順從自己的心意，聆聽自己內心的聲音，
那麼分分合合也就不至於擾擾攘攘了。

別讓壓力壓扁你

順其自然，反而能讓事情順遂完成。求得太過、想得太多、標準太嚴格，多半徒增自己的壓力，不能成就任何良好的結果。

在氣球裡不斷灌氣，氣充久了，氣球便承受不了。把氣球裡的氣洩掉是個不錯的方法，但若是能將排除氣體的動作轉換成上升的動能，那麼這股能量將能得到更好的發揮。

不論身體或心理遭遇到問題與狀況，一味地逃避和推拒，抑或視而不見、刻意忽略，都只會讓問題變得更為嚴重。

正面迎視問題，往往會是最佳的解決辦法。

有一位年輕人來到動物園，想要應徵馴獸師的工作，特別是想要待在照顧獅子的單位。這個要求很不尋常，動物園的人事主管便特別詢問他想得到這份工作的理由。

想不到，年輕人的回答令人覺得相當不可思議。

他說：「醫生說我罹患了一種神經緊張的疾病，如果再放任下去，很有可能會精神崩潰。唯一的治療方法是去找一份高度緊張的工作，讓我可以暫時忘記對其他事物的恐懼。」

就是因爲這個理由，他才會來應徵這一份在他看來最危險的工作。

經過幾番測試、面試之後，這位年輕人成了一位相當出名的馴獅師，而他神經緊張的疾病也日漸痊癒。

從這個例子來看，解除神經緊張最好的方法，就是去處理需要神經緊張才能解決的問題。當精神壓力有了恰當的抒發出口，壓力就不會造成個人身心負面影響，反而能夠成爲一種推進的動力，讓人徹底發揮出自己的潛能。

現代的人不管想不想、懂不懂，都會蓄積不少的壓力，卻不見得知道應該要如何去排解，讓自己恢復平穩的狀態，因此產生許多心理疾病。

求好心切，是一般人都會有的反應，但是，有時候順其自然，反而能讓事情順遂完成。

求得太過、想得太多、標準太嚴格，多半徒增自己的壓力，不能成就任何良好的結果，何妨用平常心看待？

歌德這麼說過：「焦急於事無補，後悔更加於事無補，前者會增加錯誤，後者會產生新的後悔。」

所以，不要對眼前的任務太過心焦，因爲毛毛躁躁反而容易亂中有錯；不要沉緬於過去犯下的錯誤，因爲把眼前工作完成才是當務之急。不要讓焦急和後悔平白無故地增加壓力，就能夠表現出應有的實力。

忠實是幸福的通行證

幸福，並不是遠在天邊的幻象，是在真實生活中的體會，但想要留住幸福，卻得靠我們自己努力才行。

祈克果在《愛的力量》之中如此闡釋：「愛，信任一切，絕不受欺騙。愛盼望一切，絕不淪亡。愛無求於一己之利，奮勇直前。」

而靳凡在《公開的情書》中寫道：「在人類一切感情中，只有一種是不需要任何理由的，這就是愛。」

自古到今，不知有多少文人詩哲將愛這種情感化作文字，使它們流傳千古，甚至超越了語言和地域的隔閡，這是因爲愛情沒有國界，千古皆然，始終都能感動人心。

在日本有過這麼一則令人動容的案例。據說，有人爲了裝修居室，要將牆壁打掉，由於日式住宅的牆壁通常是在中間架上木板後，再由兩邊批上泥土，所以在兩層牆皮中間其實是中空的。牆壁拆到一半，工人意外發現一有一隻壁虎被困在裡頭，牠的尾巴被一根從外面釘進來的釘子釘住了。

主人聽聞也湊過來看，發現那根釘子，竟是房子十年前剛蓋妥的時候釘上的。難道說那隻壁虎被困在牆壁裡整整十年！黑暗中牆壁裡的十年，動彈不得，牠，到底是如何撐過這十年的光陰？

他於是暫時停止了裝修工程，過了不久，不知從哪裡又鑽出來一隻壁虎，嘴裡含著食物，來到那隻壁虎身邊，將嘴裡的食物餵給牠。

想不到，爲了被釘住尾巴而不能走動的壁虎，另一隻壁虎竟然在十年的歲月裡一直不停地銜取食物餵牠。

在西式婚禮中，接受福證的新人往往會被問到一句話：「你（妳）願意在未來一生中，彼此互信互助，不離不棄嗎？」當兩人都在衆人面前認眞地回答了「我願意」時，他們的婚姻才算是眞正完成。

互信互助，不離不棄。多麼簡單的一句話，卻又多麼難得，看到日漸高升的離婚率，證實了這樣的信念是困難的，是不容易的。

古代有個人，名叫陳世美，因爲貪求富貴榮華，而拋棄糟糠之妻，因此遺臭萬年；現代人只要提起負心人，就會把他的名號搬出來，痛罵一番。此外，古代還有一個人，名叫王寶釧，苦守寒窯十八年，因爲忠貞節烈而受到世人讚譽。

可見得忠實是衆人冀求的美德；我們都希望別人對我們忠實，但是實際上眞的能做到對別人忠實的人，卻是那麼少。

「夫妻本是同林鳥，大難來時各自飛」，當愛情受到現實的折磨，有多少人能夠堅守自己當初的承諾？病榻之前，所有的完美全被病魔與生活重擔折騰得變了樣，有多少人還能心甘情願地不離不棄？

從現實來看，確實不在多數啊！也因此，我們一旦聽聞了這樣難得的故事，就會特別地打從心底感動。然而，即使只有少數鳳毛麟角，但是世上還是有人願意爲了愛情堅守自己的諾言，或許這就是眞愛的力量吧。

印度詩人泰戈爾曾說：「愛情在有限與無限之間搭起了一座橋樑。」

或許，將那兩隻壁虎的餵食舉動衍伸爲愛情，是過於附會了，但是，倘若壁虎之間都能有如此的情誼，那麼身爲萬物之長的我們，擁有獨一無二的思考能力與感受情感能力的我們，難道連一隻小小的壁虎都比不上嗎？

杜伽爾這麼說過：「人們常常在遙不可及的地方尋求自己的幸福，其實幸福就存在於我們身邊、存在於自然的感情之中。」

幸福，並不是遠在天邊的幻象，是在眞實生活中的體會，仔細地觀察的話，你將會發現幸福其實處處可得，但想要留住幸福，卻得靠我們自己努力才行。

我們應該對自己的感情忠實，如此，在夜深人靜之時，當我們面對眞實自我的時刻，我們才能不愧於心，也才能留住生命中的愛與幸福。

傾聽自己心靈的聲音

我們藉由感官來評斷事實，卻不該為感官所奴役，才不致於遭受蒙蔽；唯有心眼並用，我們才能真正看到所有的真實。

有句話說：「眼見爲眞」，話雖不錯，但殊不知，有時候眼睛也是會騙人的。過度依賴眼睛所見，而不以心去體會，往往會失去許多對我們來說極爲重要的事物。

如果執迷於幻象之中，當眞象出現之時，就是別離的開始；如果只執著於轉瞬消失的美麗表象，終究也會失去所有內在的完美。有個寓言故事極有意思，足以讓我們深思：「我們到底看見了什麼？」

從前有一對夫妻，男的俊逸瀟灑、風度翩翩，女的嬌美如花、沉魚落雁，兩人的氣質與外貌都十足令人稱羨。他們互相戀慕、互敬互愛，過著只羨鴛鴦不羨仙的日子。每個人見著了他們，莫不覺得有夫有妻當若是。

他們彼此傾慕對方，經常相對而坐，一看就是好久好久，夫妻共度了多少年，就彼此對望了多少年，一點也不覺得厭倦。

但是，有一天，不幸降臨了。

他們夫妻倆相繼得了眼疾，雙雙失明，從此，丈夫再也看不到妻子，而妻子也看不到丈夫。這樣的生活，使得兩人都陷入了痛苦深淵。

丈夫心想：「我的妻子容貌如此嬌美，萬一在我看不見的時候，有別的男人覬覦她怎麼辦？我非得好好地守著她不可。」

而妻子也想：「我的丈夫如此俊秀，萬一別的女人貪戀他而心生佔有怎麼辦？我又看不見，一定要牢牢地守在他身邊才行。」

兩個人都害怕失去對方，於是兩人始終緊緊相隨，誰也不敢離開誰，深怕只消片刻稍離，自己的惡夢就會成眞。就這樣，整整過了二十年。

這時，有一位名醫恰巧路經此鎭，夫婦二人便懇請名醫爲他們施藥診治。當兩人的眼睛復明的那一刻，原本滿懷期待的心情頓時化爲烏有，各自驚聲尖叫。

丈夫大罵：「妳到底是誰？妳不是我美麗的妻子。」

妻子也啐道：「你根本就不是我的丈夫，我丈夫挺拔俊秀，可不是你這個糟老頭子。」

他們兩人因爲無法接受眼前的事實，堅持自己心中的美好印象，不論旁人如何勸說，都決計不肯再做夫妻了。

很可笑吧！只因爲眼前所見不如自己想像，就決定棄離自己相依二十年的伴侶。當他們看到對方的醜惡樣貌的同時，卻忘了自己也在歲月的刻劃之下，不再美麗如昔。

在愛情的世界裡，我們期待遇見百分之百的女孩和百分之百的男孩，但其實我們愛上的都是心中美麗的幻象。

有人愛上的只是幸福的錯覺，有人愛上的只是苦戀的淒美，有人愛上的只是單戀的苦澀酸甜；當他們眞實相處了，當他們眞正得到了，當他們終於美夢成眞了，他們也開始覺得乏味了，於是他們將會拋棄這一段幻夢，重新追求另一段夢想。在尋尋覓覓之中，在相遇與分離之際，只留下了對美好求之不得的怨嘆。

法國作家安德烈．莫洛亞在《論婚姻》中所寫：「對於真正結合一致的夫婦，青春的消逝不再是不幸，因為白首偕老的甜蜜情緒，可以讓人忘記年華老去的痛苦。」

難道這只是空泛難成的夢想嗎？

我想，並不是如此，但是我們必須除了用眼睛去看待事物之外，還得加上我們的心。我們藉由感官來評斷事實，卻不該爲感官所奴役，才不致於遭受蒙蔽；唯有心眼並用，我們才能眞正看到所有的眞實。

傾聽心靈的聲音，而不被眼界所限，才能得到眞正的解答。

用愛和希望渡過難關

在我們的生命之中，存放了愛和希望，可以幫助我們在面對難關的時刻，獲得活出生命意義的勇氣。

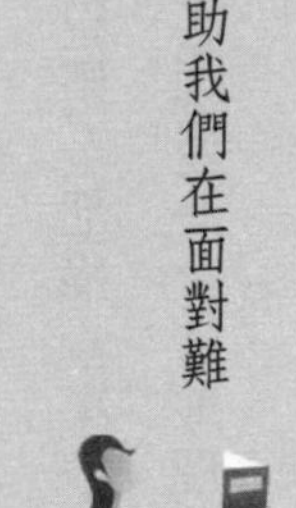

當生命裡出現了危機，有什麼可以給予我們堅韌的支撐力量，讓我們得以安然度過危機，繼續生存下去？

這個問題，倘若沒有切身的經歷，我想沒有人可以回答吧？

但是，猶太裔精神醫學家維克多．法蘭克爲自己找到了答案。

被關進納粹集中營裡，面對那樣悲慘的遭遇，恐怕會讓人覺得生不如死，又是什麼原因能讓他和其他囚犯們咬著牙苦撐過來？

那便是愛與希望加乘出來的效果。

二次大戰時，維克多．法蘭克原本僑居在維也納，被德軍逮捕之後，曾被轉送至各個不同的集中營，被拘禁長達三年時間，其間，甚至曾被囚禁在犧牲最為慘烈的奧斯威辛集中營中有數個月之久。

後來，他以自己當時的經歷寫了一本書，名為《活出生命的意義》，藉以激勵所有的人，當遭逢困難的時候，更應該努力掙脫心靈的束縛，活出生命的意義。

書中，他回憶當年如何學會了生存之道。德軍每天派人監視俘虜，每天早晨囚犯都必須列隊接受檢查，一旦被發現身體不適或年紀老邁得無法工作，就會被踢出隊伍，以最快的速度送入毒氣房。所以，囚犯們全都學會了一個習慣，就是每天刮鬍子，好讓自己看起來臉色紅潤，即使是必須用一片破玻璃當作剃刀，也不敢忘了刮鬍子。

然而，每天只有一片三分之一盎司的麵包和一碗一又四分之三品脫的麥片粥，加上幾乎不眠不休的勞力工作，天寒地凍的大雪天，九個男人擠著睡在一張不過七英呎寬的木板上，共用兩條毯子，囚犯們個個變得身體衰弱；儘管如此，他們還是沒有放棄生存的意志。

每天夜半三時整，尖銳的哨音出現，意味著又是一天的開始，不管如何疲累、疼痛，還是會被槍托叫醒。他們得在結冰的硬地上，一段一段地鋪設鐵路枕木，四周是不斷吆喝的衛兵，完全沒有休息的時間。常常有人熬不住了，只能趁著衛兵不注意的時候，在同伴的手臂上靠一會兒。

某一個天候惡劣的清晨，法蘭克聽見身旁的男子豎起衣領低聲地說：「不知道如果我的妻子看見我目前的光景會有什麼想法，我真希望她在女子營裡能夠過得好些，最好永遠別知道我們現在的景況。」

男子說完，呼了一口白氣，垂著頭走入寒風之中。

維克多．法蘭克在書裡寫道：「他的話令我想起自己的妻子。我們一路顛簸著前行了好幾英哩，我們幾度跌倒在冰上，但我們仍彼此攙扶，手拉著手共同艱困地向前。雖然，我們並沒有交談，但我們彼此都明白心裡同樣惦記著自己的妻子。我抬頭望了望天，星光已經漸漸稀微，淡紅色的晨光從遠處黑暗的雲層之後透露出來。在我的心中，始終被妻子的身影佔滿，我彷彿聽見了她的應答、看見了她的微笑，還有開朗鼓勵的表情。剎那間，我終於明瞭了，自古以來詩人哲人所讚頌的一切：人類的終極拯救，就在愛之中。」

的確，即使身體遭逢了無盡苦難，但只要心中存有愛和希望，就彷彿在傷口上吹拂，具有撫慰的效果。

哲學家馬克思的夫人燕妮．馬克思曾經說：「痛苦可以鍛鍊人，而愛情則給予人支持。」

在愛的力量之下，人類彷彿可以生出驚人的力量。火災之中，身材瘦弱的母親，卻能背負著三個孩子衝出火場，這就是愛的力量。

美國婚姻心理學家大衛．盧．邁斯說：「從愛中獲得的支持和力量，能使兩人顯示出百折不撓的意志，攜手共渡難關、迎接挑戰，對未來既不抱幻想又充滿自信和樂觀。互相知心使兩人能共同適應各種環境，而且使他們之間的感情不論何時何地都忠貞不渝，是愛人雙方成熟的標誌。」

有一部榮獲奧斯卡金像獎最佳外語片的電影，片名爲《美麗人生》，片中飾演男主角基多的羅貝多貝尼尼更以此片榮登影帝殊榮。

基多是一名猶太青年，他的家庭與事業，在一夜之間成了昨夜美麗的幻夢。但是，他從不放棄樂觀的心，努力地生存下去，因爲他必須保護自己稚齡的幼子，使他不至於成爲另一名毒氣室下的受害者，他還必須爲了和妻子重逢的那一天而努力地活下去。

基多努力地活著，毅然決然地擋在前方，以確保他的孩子不會受到殘酷戰爭的迫害，這是一名父親最深刻的愛的表示。

劇情最後，基多雖然犧牲了，但他一直到了最後一刻都保持著活下去的意念，爲了他自己和他所深愛的家人。

這是一個情感深刻且令人動容的故事，也讓我們體會到，在我們的生命之中，存放了愛和希望，可以幫助我們在面對難關的時刻，獲得活出生命意義的勇氣。

真心的建議勝過甜言蜜語

只喜歡聽好話，將自己的所有缺點都視而不見，終究無法得到任何改善，最後只會落入自己設下的陷阱之中。

珍．奧斯汀在《傲慢與偏見》一書中，有過這樣幾句描寫很有意思，她說：

「我不太希望別人總是順著我，這樣可以免得我太過喜歡他們。」

雖然說好話人人愛聽，但是糖水喝多了也會覺得膩吧！光是聽那些甜言蜜語，聽久了難到不會感到厭煩嗎？

無論古今中外，每個朝代、每個國家，總會出幾個著名的佞臣。這個「佞」字，在字典裡就是指賣弄口才的人，也有諂媚他人的意思。

一般人總會痛批小人當道，但爲什麼這些佞臣能夠靠著一張嘴，就能在朝廷之中翻雲覆雨，甚至陷害所謂的「忠良」，進而動搖國本呢？

其實，說穿了，還不是當政者與掌權者愛聽，才給了他們權力伸展的空間。那些「忠良」總愛「忠言逆耳」，直來直往地把皇帝的缺點挑明來說，不管是當面不敬還是拐著彎批評，試問誰喜歡整天被人罵？他們當然會被皇帝討厭，那些「佞臣」其實也只不過是皇帝逃避現實的工具罷了。

其實，在職場上也是如此，身爲老闆或企業執行長，如果身邊只有一個又一個逢迎拍馬的屬下，收到的績效報告全是加了料、灌了水的內容，如何能夠依此做出正確無誤的決策？又怎麼可能讓企業永續經營下去呢？

ＩＢＭ公司第二代領導人小湯姆斯．沃森，在接下父親事業的棒子之後，體認到一個企業猶如一個王國，身居ＩＢＭ這個龐大的產業帝國領導人，猶如一位國王身負統領帝國走向富強的責任，因此，一旦讓權力過於集中，將會產生許多極爲棘手的弊端，並非企業長久的生存之道。

有一次，他在主管會議當中，說了一個故事。

他說：「野鴨原本是候鳥，每年冬天都要由北方飛往南方過冬，等到春日回暖再飛回北方。但是，有一些北方人因爲太喜歡野鴨，經常爲牠們準備食物，結果，許多野鴨因爲貪戀輕易可得的食物，漸漸地不再定期遷徙移動，終於被馴化畜養成了家鴨，再也飛不動了。一旦人類停止供應食物，已經失去覓食能力的野鴨，只有死路一條。但是，那些每年南飛的野鴨，在歷經了自然的考驗之後，不但活得很好，而且越來越健壯了。」

最後，沃森將話題導回正途，誠懇地說道：「同樣的，人也是如此。如果一個人只會聽從別人的指揮前進，就會失去想像力，也會失去創造力，更會失去進取心，最後完全失去了自我生存的能力。我需要的是會南飛的野鴨，需要會思考的活人，而不只是會唯唯稱諾的人。我不希望我周圍的人只會對我說『是』，我希望你們能經常推我的房門，大聲告訴我：『你錯了！你應該如何如何……』唯有如此，我才能穩坐在這把交椅上，而無後顧之憂。」

沃森的苦口婆心，說出了「直言不諱」的重要性，強調一味地沈溺於眼前的美好成功，是難以獲得大成就的。

羅馬劇作家賀瑞斯曾經說過：「天才在逆境中才能顯出，富裕的環境反而會埋沒他。」

能有如此接受指正與建議的氣度與雅量，並從中去蕪存菁做出妥善決策，無怪乎沃森能大刀闊斧地帶領ＩＢＭ走上另一波事業的高峰，果眞不愧爲一名精明的企業家。

其實，爲人處事又何嘗不是如此？只喜歡聽好話，將自己的所有缺點都視而不見，終究無法得到任何改善，最後只會落入自己設下的陷阱之中，失敗也在所難免。

從別人的觀點得來的訊息，是提供我們自省的機會，我們不必將對方的批評全盤接受，徹底打擊自己的自信心，但我們卻可以靜下心來聆聽，再從中找出我們合用的建議，讓自己成爲一池源源不斷的活水。

面向陽光，擁抱好心情

不想在黑暗裡迷失了方向，就要心無旁騖地迎向光明。面向陽光，我們就看不見黑暗。

人在心情不好的時候，往往會不自覺地把壞心情抱得更緊，比方說關門不跟人說話，嘟著嘴生悶氣，鎖著眉頭胡思亂想。把心門心窗全關起來的結果，心裡的烏煙瘴氣散不掉，心情當然更壞、更難過。

俄國名作家屠格涅夫曾經說：「人每逢心裡不愉快的時候，災難就會趁機來威脅他。」

也就是說，當你心情惡劣的時候，衰事更會上門，這正是所謂「福無雙至，禍不單行」。

不是有人說過，心情就像磁鐵一樣，好心情會吸引好運道，反之，怨哀的情緒會讓霉運驅之不離？

所以，人要學習放下壞心情，拒絕繼續忍受它的折磨，如此一來，才能得到眞正的解脫。

有一則故事，講得很生動、很具啓發性。

有一位旅行者經過險峻的懸崖，一不小心掉落山谷，幸好及時抓住崖壁下的樹枝，但也因此上下不得，只有祈求佛陀慈悲營救。這時，佛陀眞的出現了，伸出手過來接他，並說：「好！現在你把攀住樹枝的手放下。」

但是，旅行者執迷不鬆手，他說：「把手一放，勢必掉到萬丈深淵，粉身碎骨。」反而更抓緊樹枝，不肯放下。

這樣一個執迷不悟的人，佛陀也救不了他。

壞心情就像是死命緊抓住某個念頭，不肯鬆手去尋找新的機會，發現新的思考空間，結果讓自己陷入了愁雲慘霧之中。

當我們由窗外望出去時，可以看見地上胡亂狼藉的爛泥，也可以看見澄靜夜空裡的繁星。

美國加州大學心理學家艾克曼曾做過一個實驗，要受試者裝出驚訝、厭惡、憂傷、憤怒、恐懼和快樂……等表情，卻發現他們的身心跟著起了變化。

當受試者裝出害怕的表情時，他們也會發生心跳加速，皮膚溫度降低……等等種種跡象，當他們表現其他情緒時，也有不同的變化。

這個實驗說明了，我們怎麼面對事物，心情就怎麼改變。

成功的人往往懂得控制自己起伏不定的心情；至於失敗的人，則容易困在情緒的框框裡作繭自縛。

面對不如己意的事情，面對危急的狀況，最重要的其實是先處理好自己的心情，這將決定你最後是用正面的看法解決事情，抑或就此敗在惡劣的心情之下。

如果不想讓心情好壞影響到我們，我們就應當選擇樂觀地面對問題，從中找出希望之光。

美國鄉村搖滾歌手吉米．布菲特說得好：「欣賞人生的處處勝景都嫌來不及，哪有時間顧慮不好的一面呢？」

往好的方向看，事情看來也會好辦些。

不妨一同體會詩人史密斯所留下的詩句：「讓我們收集起那照耀在我們路上的陽光；讓我們保存那麥子和玫瑰花，去掉那些刺和糠。」

人生總要朝著希望走，不是嗎？

就如同暗路夜行時，我們會緊盯著眼前的燈光一樣，不想在黑暗裡迷失了方向，就要心無旁騖地迎向光明。面向陽光，我們就看不見黑暗。

生活良品
46

改變心境，你的處境也會跟著改變

作　　者　黛　恩
社　　長　陳維都
藝術總監　黃聖文
編輯總監　王郡凌
出 版 者　普天出版家族有限公司
新北市汐止區忠二街 6 巷 15 號
TEL / (02) 26435033 (代表號)
FAX / (02) 26486465
E-mail：asia.books@msa.hinet.net
http://www.popu.com.tw/
郵政劃撥 19091443 陳維都帳戶
總 經 銷　旭昇圖書有限公司
新北市中和區中山路二段 352 號 2F
TEL / (02) 22451480 (代表號)
FAX / (02) 22451479
E-mail：s1686688@ms31.hinet.net
法律顧問　西華律師事務所・黃憲男律師
電腦排版　巨新電腦排版有限公司
印製裝訂　久裕印刷事業有限公司
出 版 日　2022 (民 111) 年 3 月第 1 版
ISBN◉978-986-389-813-9　　條碼 9789863898139

國家圖書館出版品預行編目資料

改變心境，你的處境也會跟著改變／
黛恩著.—第 1 版.—：新北市,普天出版
民 111.3 面；公分. - (生活良品；46)
ISBN◉978-986-389-813-9 (平裝)